Knut Holm

LEBEN UND ERBE PROF. DATHES

Diese Schrift ist dem Gedenken des berühmten Tierparkdirektors Prof. Dr. Heinrich Dathe im Hinblick auf seinen fünften Todestag am 6. Januar 1996 und dem Respekt gegenüber allen gewidmet, die sein Erbe verteidigen.

ISBN - 3 - 928999 - 35 - 4

(Nicht im Handelsregister eingetragen)
10178 Berlin Postfach 830
Druck und Weiterverarbeitung:
Czechoprint Úvaly

"... wir wollen die Gestorbnen als Lebende betrachten, uns ihres Lebens, ihres auch nach dem Hingange noch fortwirkenden Lebens freuen und eben deshalb ihr bleibendes Verdienst dankbar für die Nachwelt aufzeichnen."

Johann Gottfried Herder (1744 - 1803)

Von Tieren verlangt niemand, dass sie sich wie Menschen benehmen. Menschen dürfen sich die Umkehrung erlauben.

Walter Flegel

I.

Schwarze Mamba? Die Schlange, die mich über ihrem steinernen Swimmingpool anzüngelt, ist eher graubraun, wirkt selbst auf mich, der ich nicht gerade zu den Schlangenfans zähle, zutraulich. Das Schild über dem Terrarium warnt: "Die gefürchtetste Schlange Afrikas!" Solche Hinweise verfehlen auch bei mir nicht ihre Wirkung. Ich betaste prüfend die Scheibe, die uns trennt, gewinne dabei den Eindruck, vor Mamba-sicherem Panzerglas zu stehen und ertappe mich dennoch dabei, einen halben Schritt zurückzuweichen. Es ist wohl die dunkle Erinnerung an einen Kriminalfilm, in dem sich die Täter einer Mamba bedienten, um keine Spuren ihrer Morde zu hinterlassen.

Links von der Mamba döst eine vorderindische Kobra, auch keine Gattung, die für harmlos gilt. Rechterhand windet sich eine Texas-Klapperschlange durch ihr Domizil und nimmt von mir ebensowenig Notiz wie die rote Mosambike-Speikobra, die am 30. August 1993 hier schlüpfte und, fernab von den Gefilden ihrer Vorfahren geboren, nun eine Berlinerin ist. Eine der vielen Züchtungen, die der Stolz des Berliner Tierparks sind, der Pfleger und Züchter der Friedrichsfelder Schlangenfarm.

Das Geburtshaus der Kobra ist beileibe kein Schlangenpalast, wie ihn ein Hollywoodarchitekt entworfen haben könnte. Einst stand hier ein vom Krieg gezeichnetes Gewächshaus, das vom Tierparkfieber der fünfziger Jahre nur gestreift und erst in den siebziger Jahren "nachgerüstet" wurde. Kein faszinierendes Glas-Stahl-Spiegel-Areal also, aber eine solide Zoostätte, in der rührige Tierpfleger mit großer Liebe ihrer Arbeit nachgehen. Das Wort ist durchaus am Platze - auch Schlangen brauchen Liebe!

Ich traf den Mamba-Pfleger leider nicht. Ich wollte ihn fragen, wie man der gefürchtetsten Schlange Afrikas ohne Gefahr für Leib und Leben liebevoll entgegenkommt? Es blieb auch keine Zeit, auf ihn zu warten, weil im Wintergarten jemand eine Rede zu halten begann und hinter mir grünberockte Tierparkangestellte Sektkorken entsicherten. Auf dem Weg zu dem Redner kam ich an einem Terrarium vorüber, das demontiert war bis auf die Mauersteine. Inmitten dieser Steine entdeckte ich einen, der an der Schmalseite geschwärzt war. Mein Wort: schwärzer als die Mamba!

Ich kenne solche Steine, habe mir den Blick dafür durch die Jahre bewahrt. In den Nachkriegstagen nahm man sie in die Hand, prüfte mit einem Hieb des Putzhammers, ob die Brandlohe ihn zerfressen oder nur gestreift hatte. Klang er noch fest, klopfte man die Mörtelreste ab und warf ihn in die Lore, in der die wieder verwendbaren Steine gesammelt und von einer Dampflok zu einer der wenigen Baustellen geschleppt wurden. War der Stein mürbe, flog er auf den Schutthaufen.

Die Erinnerung rief mir noch mehr Bilder der Zeit ins Gedächtnis, in der wir geschippt und gemauert und Steine geklopft, weil frische Ziegel noch Seltenheitswert hatten. Wenn ich an der Trümmerfrau von Fritz Cremer vor dem Roten Rathaus vorüberkomme, habe ich ähnliche Gedanken. Neulich wollte ich meiner Enkelin das Denkmal erklären. Sie ist ein liebes Mädchen und hörte geduldig zu. Dann hatte sie eine Frage: "Wo ist der nächste Videoladen?"

Ich betrachte den schwarzen Stein. Nostalgie? Man bleibe mir mit diesem Modewort vom Leibe! Auf dem jetzt gemeinsamen Briefbogen von Zoo und Tierpark ist ausdrücklich vermerkt, daß der Zoo seit 1844 existiert. Das Gründungsjahr des Tierparks wird nicht angegeben. Ist 1844 keine Nostalgie, aber 1955?

Darüber sinnend, kam mir die Jubelstunde mit Prof. Dathe in den Sinn, als der Tierpark eröffnet wurde. Und die bittere Stunde, als Berlin von ihm Abschied nahm...

II.

Pastor Werner Braune von der Stephanus-Stiftung in Berlin begann am Morgen des 17. Januar 1991 seine Trauerrede mit den Worten: "Der Pfarrer Dr. Schröder vor der Thomaskirche zu Leipzig wußte nicht, daß sein Konfirmand Curt Heinrich Dathe einmal Direktor des Berliner Tierparks werden wird. Am 5. April 1925 bekam er das Psalmwort 'Gott der Herr ist Sonne und Schild' mit auf seinen Weg."

Durch Lautsprecher wurden die Worte des Pastors aus der Leichenhalle in Berlin-Baumschulenweg nach draußen übertragen, weil Tausende Menschen keinen Platz mehr gefunden hatten.

"Da sind wir versammelt und nehmen Abschied. Und mancher meint, es kann doch gar nicht wahr sein - man müßte noch seine Stimme hören mit dem vertrauten heimatlichen Dialekt. Er müßte in seiner lebendigen Art wieder vor uns stehen, mit uns reden und so bildhafte Geschichten erzählen.

So endgültig ist bisher kein Geschehen gewesen, es gab immer Gelegenheiten für Anfänge, Aufwachen auch nach unruhiger Nacht, Begrüßung nach einem Abschied, Kommen und Gehen und das oftmals beglückende und manchmal auch ärgerliche Hin und Her; auch gesundheitliches Auf und Ab - kein Augenblick war bisher der letzte.

'Gott der Herr ist Sonne und Schild. Er gibt uns Kraft und Ansehen. Der Herr läßt es an nichts fehlen, wenn jemand untadelig lebt.'

Das ist der komplette Vers zu seinem Konfirmationsspruch, und es wird schwierig sein, aus einem so erfüllten Leben einen Ausschnitt zu geben. Viel mehr ist da, als in Minuten darstellbar ist. Es ist nichts Ungewöhnliches, wenn ein Mensch mit 80 Jahren stirbt, wenn er die Bühne des Lebens verläßt. Es ist daher eher etwas Besonderes und Begnadetes, wenn einer in so hohem Alter so lange lebendig anregend aktiv sein kann und mit klarem Durchblick Fachwissen, Gesellschaft, Kultur und Politik mitgestalten und begleiten kann.

Heinrich Dathe hatte die großen Linien der internationalen Tiergärten im Blick, und die Einzelheiten seines Betriebes waren ihm vertraut. Ein Mann, der Zeit seines Lebens von der Sendung der Aufgaben durchdrungen war, weil der Beruf für ihn identisch war mit seiner gesamten Existenz.

Vielleicht kommt man da in die Nähe dieses Psalm-Gebetes: Der Herr gibt Gnade und Ehre - oder die neuere Übersetzung: Kraft und Ansehen.

Die fachliche Würdigung ist anläßlich seines 80. Geburtstages erfolgt. Auch die Nacharbeit wird groß sein und manches zutage fördern.

Ich glaube, diese Verbundenheit zwischen Arbeitsleben und Familienleben haben Sie als die nächsten Angehörigen oftmals zu spüren bekommen - vielleicht auch darunter gelitten, daß wenig Zeit war für sogenanntes Privates.

Ich kann mir denken, daß auch die Mitarbeiter im Tierpark wohl wußten, daß ihr Chef kein nur gütiger, freundlicher Herr ist, sondern durchaus wußte, was dran war und was nötig ist - vielleicht, wenn er auftauchte, als niemand Böses vermutete und eigentlich schon Feierabend war.

Heinrich Dathe war als Tierparkdirektor verantwortlich für einen Großbetrieb, einen Staatsbetrieb mit den damaligen Schwierigkeiten und Problemen, aber auch mit internationaler Bekanntheit.

Im Zusammenhang mit dem Tod von Heinrich Dathe hat es Unruhe und Empörung gegeben. Nicht, daß einer mit 80 Jahren in den Ruhestand geht - manche haben auch gesagt: endlich -, sondern wie das passiert ist. Er hat sehr darunter gelitten.

Da hat es viele Proteste gegeben und Solidaritätsbekundungen. Es ist hier nicht der Platz und die Stunde, dies fortzusetzen.

Es darf aber nicht sein, daß dieser Ärger am Ende seines Lebens alles zuschüttet, was in jahrzehntelanger, treuer und begnadeter Arbeit wachsen konnte. Weil Heinrich Dathe so bekannt ist, darum ging es durch die Presse. Viele, die unter uns leben, machen ähnliche Erfahrungen mit solchen gedankenarmen Taktlosigkeiten. Es wäre im Sinne des Verstorbenen - sein Vermächtnis - wenn diese ungute Erfahrung zum Anlaß wird für ein Bemühen um menschlichen und kulturvollen Umgang miteinander. Gerade in solcher schwierigen Zeit sollten wir darauf achten, daß es nicht schwerer gemacht wird als nötig. Abgeben ist immer schwer! Nicht jeder hat soviel Öffentlichkeit, so viele, die ihn kennen und sich für ihn rühren."

Der Tierpark ist für die Menschen da

"Wir sollten mehr miteinander reden als übereinander! Eine Zeitung schrieb: 'Heinrich Dathe: Ein Leben für die Tiere.' Es war mehr! Der Tierpark ist für die Menschen da.

Ahnen wir, wieviel Rentner hier immer wieder Einkehr gehalten haben, sich erfreut haben und Ruhe fanden? Wieviel Familien haben hier für ihre Kinder den Grundstock zur Ehrfurcht vor Lebendigem gelegt, wieviel haben Erkenntnis und Wissen gewonnen, wieviel Menschen haben Anfänge ökologischer Verantwortung hier gelernt, wieviel haben Neues erfahren und wieviel haben hier während der Zeit der Mauer und der deutschen Trennung einen Treffpunkt der Begegnung für zerrissene Familien gefunden. Oft waren auch Gruppen von Behinderten im Tierpark und wurden freundlich aufgenommen, wurden geführt, wie jeder andere auch. Das wollen wir nicht nachzählen; das aber hängt zusammen mit dem Leiter und den Mitarbeitern der Einrichtung, die dabei mitgezogen haben. Und dafür sind wir ihm dankbar und all denen, die da mitgetan haben.

Augenblicklich besteht der Hang, alles mögliche abzuwickeln. Es ist ein Fehler, den Tierpark zu seinem Ungunsten zu verändern. Berlin ist groß genug, um ihn und weitere Stätten behalten zu können. Aufgeregte Entscheidungen sind für die Zukunft nicht gut. Über Bord gehen würde nicht nur der Tierpark, sondern auch die Liebe der Bevölkerung unserer Stadt zu solcher von Tausenden Menschen angenommenen Einrichtung.

Heinrich Dathe war selbst ein friedfertiger Mann, versehen mit einem Humor, der auch über sich selbst lachen konnte.

Es könnte oberflächlich der Eindruck entstehen, es gäbe nur positive Seiten. Keine Kritiken, keine Fehler, nichts zu bemängeln. Wir wissen nicht nur aus der Bibel, daß kein Mensch ohne Fehler lebt. Wenn wir in der Fürbitte ihn der Gnade Gottes befehlen, so darum, weil Gottes Liebe größer ist als unser Herz; weil Gottes Liebe unsere Sünde und Fehler einschließt, und weil wir in dieser Zuversicht geborgen sein dürfen.

Das Psalm-Gebet, aus dem Heinrich Dathe seinen Konfirmationsspruch erhalten hat, redet von Gottes Wirken, spricht vom Zugriff Gottes auf unser Leben, von dem, was er uns gibt und uns anvertraut. Er sagt sehr deutlich: Alle Verdienste, die wir Menschen haben, sind Gaben. Gott der Herr wärmt und schützt uns, er gibt uns Kraft und Ansehen. Der Herr läßt es an nichts fehlen. Wohl dem Menschen, der sich auf dich verläßt.

Die Bibel ist dabei immer dicht am Menschen. Sie lebt inmitten der Schöpfung, mit den Vögeln, die den Altar als Nistplatz nutzen, mit der Schwalbe, die beim Lobgesang dabei ist.

Der Abschied bleibt und die Trauer auch. Aber der Dank soll überwiegen und mit uns gehen.

Hieronymus (347 - 420), von ihm stammt das Wort über die Verstorbenen: 'Wir wollen nicht trauern, daß wir sie verloren haben, sondern dankbar sein dafür, daß wir sie gehabt haben, ja auch jetzt noch besitzen; denn wer heimkehrt zum Herrn, bleibt in der Gemeinschaft der Gottesfamilie und ist nur vorausgegangen'.

Und der Friede Gottes, der höher ist als alle Vernunft, bewahre unsere Herzen und Sinne in Christus Jesus."

Es fing mit einer Stoffmaus an

Ein pralles, gütiges Leben - in so wenige Worte gepreßt.

Gisela Karau hat im Dezember 1990 - wenige Tage vor dem Tode des wohl populärsten Zoodirektors aller Kontinente - einen Lebenslauf geschrieben, der an Herzenswärme kaum zu übertreffen ist ...

"Nennt ihn Heinrich, sagte der Standesbeamte 1910 im vogtländischen Reichenbach, wenn er später mal einen Lebensmittelladen aufmacht und da steht dann Heinz Dathe drüber, wie sieht denn das aus? Sie nannten ihn Curt Heinrich, für den Vater aber blieb der Sohn ein Leben lang Heinz.

Es hat keinen Laden gegeben, über dem der Name Dathe prangte. Den Berliner Tierpark könnte man nach ihm benennen. Andere sind schon für weit geringere Verdienste auf öffentliche Schilder gelangt. Doch das nur nebenbei.

Achtzigjährig und durch die Ereignisse der vergangenen Wochen in seiner humoristischen Weltsicht beeinträchtigt, erzählt mir der Direktor aus seinem langen, bunten Leben. Wir schieben den zornigen Schmerz ans Ende unseres Gesprächs, denn es soll doch die Rede sein von einem tätigen erfüllten Dasein, dem die Herzlosigkeit einer Stadtverwaltung zwar die Krönung stiehlt - einen zufriedenen Lebensabend nämlich -, aber nicht den Sinn nehmen kann.

,Auf dem ersten Foto, das es von mir gibt, habe ich eine Maus in der Hand. Das nächste Mal war es dann schon ein Pferd.'"

Der Chronist stieß in einer anderen Aussage Dathes darauf, daß es sich bei diesem ersten, seine Sympathie fürs Tier bekundenden Dokument um eine Stoffmaus gehandelt haben muß. Das klärt zumindest die möglicherweise beim Leser auftauchende Frage, wie die Maus auf diesem oft erwähnten Foto in Dathes Hand gelangt war - ganz zu schweigen von den nur geflüsterten Fragen, ob es eine tote oder eine lebendige gewesen war -, und zerstört die aufkommende Vermutung, er habe schon, eben den Windeln entwachsen, über ein rational kaum zu beschreibendes Verhältnis zur Tierwelt verfügt.

Gisela Karau bezweifelte übrigens seine Aussage, daß er sich ohne "Zwischenstufen" von der Maus zum Pferd gesteigert habe, hatte aber eine hinreichend plausible Erklärung für seine Version bei der Hand: "Er liebt es nun mal, sich humorig auszudrücken, und ich bin froh, daß er diese Neigung offenbar nicht ganz eingebüßt hat. Soweit er zurückdenken kann, und er hat ein gestochen scharfes Gedächtnis, in dem noch die Namen der Schulfreunde und Studienkommilitonen aufbewahrt sind, hatte er immer mit Tieren zu tun. Oma hielt Hühner und Gänse, und der kleine Heinrich brachte es fertig, daß ein Küken nach dem Takt seiner Finger pickte, es lief ihm lange nach, wo er ging und stand. Lange wartete er im Stall auf die Niederkunft von Omas Ziege, bis sich herausstellte, daß der dramatische Akt des Deckens, von dem Heinrich zu seinem Bedauern ausgeschlossen blieb, erfolglos verlaufen war. 'Die war überhaupt nicht tragend', sagt er, und etwas von dem Schalk, den ich seit über dreißig Jahren an ihm kenne, blitzt hinter seinen Brillengläsern auf. Wo immer wir uns begegneten, es war mit Schmunzeln verbunden, ob bei den Leserbällen der BZ am Abend, die er stets mit irgendwelchen Tieren zu besuchen pflegte, oder bei anderen Berliner Festen, er vermochte seine Umgebung heiter zu stimmen.

Der Vater, Bürovorsteher eines Rechtsanwalts, schenkte dem Knaben schon früh ein Mikroskop, durch das er mit seinem Freund Algen und Pantoffeltierchen beobachtete. 'Dann sind wir auf Insekten umgestiegen.' Jeder fängt klein an. Sein Onkel Paul nahm ihn zu Exkursionen des Leipziger Heimatmuseums mit, bei denen Vögel beobachtet wurden. Das regte den Jungen an, mit Omas Opernglas selbst auf die Pirsch zu gehen, sich an Bergfinken und Birkhühnern zu ergötzen, die er bis dahin nur aus Büchern kannte.

Als Leipziger Student der Naturwissenschaften zog er mit Freunden in die Dübener Heide. 'Dreimal die Woche sind wir früh um viere aufgestanden und haben uns zoologische Grundkenntnisse erwandert.' Noch während des Studiums begann er, eigene Arbeiten zu veröffentlichen. Er wurde Mitglied des Ornithologischen Vereins, der jetzt gerade wiederbelebt worden ist. Es hat ihm gar nicht gefallen, daß solche Vereine in der DDR nicht weiter existieren konnten. Indessen hat der Kulturbund, in dem der Professor die Fachgruppe der Vogelkundler leitete, viel für die Traditionspflege auf diesem Gebiet getan.

Forscherdrang gegen die Angst

Die Beobachtung der Tierwelt wurde ihm zum Lebensbedürfnis. 'In den schlimmsten Situationen, wenn ich ganz auf der Nase lag, war da immer irgendwo ein Vogel, der meine Aufmerksamkeit erregte und mich auf andere Gedanken brachte.' Im Krieg verschlug es ihn nach Frankreich, wo er als Bataillonsmelder beim Angriff auf ein Dorf verwundet wurde. Ich wußte ungefähr, wie lange ein Sprung dauern durfte, bei dem der andere dich im Visier hatte, und ich warf mich fachmännisch auch hin. So ging der Schuß in den Oberarm, nicht in den Hals.'

Die Sanitäter, die ihn zurückschleppen wollten, schickte er zu einem Schwerverwundeten, der schrecklich schrie. Danach wartete er stundenlang vergeblich, daß sie ihn auch holten. Er lag in einer Mulde, fühlte sich von Gott und der Welt verlassen. Da vernahm er plötzlich um Mitternacht die Stimmen von Wachteln im Getreide. Er vergaß die Schmerzen im durchschossenen Arm und lauschte, war das vielleicht eine neue Tonart des Wachtelhahns, die er soeben entdeckte? Das stellte sich später als Irrtum heraus, doch ihm hatte sein unbezähmbarer Forscherdrang geholfen, über die Angst wegzukommen.

Auch Italien sah er wie so viele Deutsche zuerst als Krieger. Bei Verona, auf dem Rückzug über vollgestopfte Straßen rief einer: 'Runter vom Wagen! Feindliche Flieger.' Feldwebel Dathe warf sich wie die anderen in den Straßengraben und blickte besorgt hinauf zum Himmel. Sein Herz wurde ruhig und heiter. Da waren keine Flieger. Vier Graureiher zogen ihre Bahn. In Rimini, im britischen Gefangenenlager, fing er an, Vorträge über Zoologie zu halten. Sie begannen am späten Abend und endeten selten vor Mitternacht. Dafür bekam er Zusatzverpflegung, von der er andere miternährte.

Das Leben ist nicht sanft mit ihm umgegangen. Er hat zwei Kriege überlebt, den ersten voller Angst um den Vater, der Frankreich erobern helfen wollte, den zweiten, in dem er selber über den Rhein ziehen mußte, um den Erbfeind zu besiegen. Er war schon 29, Reservist und promovierter Naturwissenschaftler. Seine Doktorarbeit hatte er über stachelschweinartige Nagetiere geschrieben. Der Vater war Hindenburg-Anhänger und hatte den einzigen Sohn im nationalen Geist erzogen. Doch er fiel bald vom Stuhl, als stud. phil. Heinrich eines Tages mit Parteiabzeichen zu Hause erschien.

Die Nazis hatten den denklustigen Studenten zunächst nicht begeistert. Was sollte das, wenn einer beim Sonnabend-Stehconvent auftrat und über Jesus, den Wüstengott spottete. Der wurde daraufhin selber

Wüstengott genannt. In Uniform erschienen die Großmäuler an der Fakultät und nervten die Studenten mit niveaulosem Gebrüll. Aber etwas später ging Heinrich Dathe zu einer Versammlung nach Reichenbach, wo ein ehemaliger Offizier sie fragte: 'Was werdet ihr jungen Deutschen später euren Kindern sagen, wenn sie von euch wissen wollen, wo wart ihr in jener für unser Volk so schicksalhaften Zeit?' Der Mann verstand es, die Gemüter zu bewegen, und Heinrich war fasziniert.

1936 wurde er Assistent des Leipziger Zoodirektors. Er bekam den Auftrag, das Tierbuch zu führen, ein Register aller Zooinsassen. Für das bißchen Geld, das er sich damit zuverdiente, kaufte er alte Jahrgänge der Fachzeitschrift 'Der Zoologische Garten'. Der Hauptkassierer, dem er das erzählte, meinte, warum kaufst'e dir nichts Gescheiteres?' Das war die Kurzsichtigkeit des materiellen Denkens, der Dathe nie verfallen ist. 'Und dennoch', sagt er, 'habe ich mehr erreicht, als ich je habe hoffen können.'

Er war ein besessener Wissenschaftler, arbeitete von sieben Uhr früh bis mittags im Zoo und nachmittags im Zoologischen Institut. Quer durch Leipzig führte ihn täglich sein halbstündiger Fußmarsch. Mit dem Rad wäre er schneller gewesen, aber er konnte nicht radfahren. Dreimal hat er Anlauf genommen, es zu lernen, immer wieder gab er es auf. Als Melder bei der deutschen Wehrmacht war er gezwungen, das Fahrrad zu benutzen, er lächelt bei der Erinnerung daran, daß Soldaten ihm aufsteigen helfen und noch ein Stück mitrennen mußten, ehe er Tritt gefaßt hatte. Dann aber fuhr er mitten in eine Schweineherde, die seinen Weg kreuzte, und er hatte die Nase voll vom Radfahren.

Beim ersten Einberufungsbefehl hatte ihn der Zoodirektor noch loseisen können. Er brauchte ihn für die Leitung eines Sommerzoos im Urlaubergebiet. Doch im September 1939 mußte er einrücken und die schikanöse Ausbildung in der Kaserne von Gohlis über sich ergehen lassen. 'Der Mensch muß kleingemacht werden', sagt er in der Erinnerung an das Soldatenleben, wie wäre er sonst fähig, gegen seinen Selbsterhaltungstrieb auf Befehl ins Feuer zu laufen?'

Nach Köln verlagert, wo er und seine Kollegen in einer Schule auf schmierigen Ölfußböden hausen mußten, rettete ihn wieder nur die Wissenschaft vor der geistigen Verelendung. In einer Kneipe schrieb er bei dünnem Kaffee Artikel für die zoologische Fachzeitschrift. Er besitzt noch heute die von der Mutter sorgfältig aufbewahrten Exemplare. Auf dem Rückzug aus Italien deponierte er bei einer fremden Frau in Tirol, er weiß noch, daß sie Frau Weiß hieß, wissenschaftliche Aufzeichnungen. Selbst dieses Material hat er später wiederbekommen. Alles steht gebunden und geordnet in den meterlangen Regalen seines Arbeitszimmers, dessen großes Fenster auf den Tierpark hinausgeht, mit Blick auf die Gehege von Hirschen, Bisons und Wisenten. Das Haus, das der Architekt Heinz Graffunder Mitte der fünfziger Jahre als Dienstwohnung für den Professor baute, soll er 'binnen drei Wochen räumen', wie ein kaltschnäuziger Magistratsbrief verlangt. Zwar könnten ihm Verdienste nicht abgesprochen werden, aber..."

Hier soll das respektable Porträt aus der Feder Gisela Karaus behutsam umgeordnet werden, um den Weg Heinrich Dathes mehr "lebenslaufmäßig" weiterzuverfolgen, denn zwischen dem langen Heimweg aus Italien und jener mit sachlichen Worten kaum zu beschreibenden Aussperrung Ende 1990 liegt das Leben eines ungewöhnlichen Tierparkdirektors...

Zunächst, von anderer Stelle zitiert, chronologisch weiter mit dem Karau-Report: "Er war mit einer Schußverletzung nach Bad Elster zur Kur geschickt worden. Dort pflegte ihn eine junge Krankenschwester, die hieß Elisabeth. Beim ersten Versuch, etwas über sie zu erfahren, erntete er einen empörten blitzblauen Blick, es war ja üblich, daß Soldaten mit den Schwestern anbändelten. Doch sie wurden Freunde und schrieben einander nach seiner Entlassung Postkarten. Eines Tages trafen sie sich in Leipzig wieder. Es war noch immer Krieg. Er war beim Bataillonsstab, und sie mußte als Hilfsschwester in Richtung Osten abrücken. Das war ein trauriger Abschied, denn Heinrich Dathe, der nicht allzu viele Erlebnisse mit Frauen gehabt hatte, war Elisabeth von Herzen zugetan.

Ein Vierteljahr hörte er nichts von ihr, dann wurde sie schwerkrank und mit Tbc-Verdacht nach Hause geschickt. Es war das Herz. Doch sie wurde wieder gesund, und 1943 heirateten die beiden. 'Wir hatten noch nicht ein einziges Mal zusammen getanzt', sagt er, 'da hatten wir schon zwei Kinder.' 1944 kam die Tochter, 1945 der erste Sohn zur Weit. Als er aus der Gefangenschaft nach einer Odyssee durch Deutschlands Besatzungszonen endlich zu Hause ankam, gefielen ihm die Kinder überhaupt nicht, wie er es ausdrückt. Er begann in die Erziehung einzugreifen, und sein Großer fragte schließlich: 'Mutti, wann fährt'n Vati wieder ab?' Drei Kinder gebar ihm Elisabeth, und sie lebten in einer harmonischen Ehe bis 1987. Dann starb sie am Herzen, und der Professor, 77jährig, dachte nicht daran, daß er noch einmal heiraten würde. Er lernte in Neubrandenburg bei einem Ornithologentreffen wiederum eine Elisabeth kennen, eine Ärztin aus Eberswalde. Sie war verwitwet wie er. 'Ich habe früher gelächelt, wenn ich vom Heiraten im Altersheim hörte', sagt der Professor. 'Nun habe ich selbst die Erfahrung gemacht, daß man auch im hohen Alter noch einmal sein Glück finden kann. Gerade wenn man eine gute Partnerschaft gehabt hat, wünscht man sich so etwas wieder, und es ist ein Segen, einen Menschen zu finden, der zu einem hält.'

"Sind Sie der Eichelhäher?"

Er hat geglaubt, die schwersten Zeiten wären überstanden. Nach dem Krieg durfte er gemäß den Bestimmungen in der Sowjetischen Besatzungszone nicht gleich wieder in seinem Beruf als Wissenschaftler arbeiten. Er spricht darüber sachlich, nicht ohne Selbstironie. 'Ich habe alles mögliche gemacht, war Hilfsarbeiter im Leipziger Zoo und Tierstimmenimitator beim Rundfunk. Da bin ich im Studio herumgeirrt und fand nicht die richtige Tür. Die Aufnahmeleiterin kam mir entgegen und fragte: Sind Sie der Eichelhäher? Ja, ich war der Eichelhäher und die Schwalbe und was weiß ich noch alles. Ich hatte sie nicht umsonst so oft belauscht.'

Der sächsische Kultusminister gab schließlich dem Drängen des Zoodirektors Professor Schneider nach, der Dathe wiederhaben wollte. 'Wenn ihr'n haben wollt, dann nehmt'n doch!' So wurde Heinrich Dathe am 1. Juli 1950 stellvertretender Direktor, und das Leben begann noch einmal neu."

In einem Interview aus dem Jahre 1987 beschrieb Dathe seinen Weg, der ihn nach Berlin geführt hatte. Am 10. Dezember 1936 hatte er promoviert und blieb beim Zoo bis zu seiner Einberufung. Bereits am 3. September 1939 holte man ihn zur Nazi-Wehrmacht. Nach der Entlassung aus der Kriegsgefangenschaft war er in einem Verlag tätig, kehrte dann in den Zoo zurück. Weiter Dathe selbst: "Tierparkdirektor wurde ich durch ein Versehen. Ich hatte Naturwissenschaften studiert, wohnte in Leipzig, sogar recht nah beim Zoo, besuchte ihn aber höchst selten. Zufällig bekam ich dann gerade dort eine Anstellung, blieb trotz einiger Vorbehalte beim Zoo und fand mehr und mehr Gefallen daran. Als junger Mensch hielt ich Zoos immer für Tiergefängnisse. Später erlebte ich selbst, daß wissenschaftliche Arbeit, die zur Erhaltung, zum Schutz, zur Pflege der Arten unbedingt notwendig ist, nirgends so tiefgründig und umfassend betrieben werden kann wie im Zoologischen Garten."

Gisela Karau: "Das dritte Kind kam zur Welt, ein Sohn namens Falk, der ist wie sein Bruder Holger in die Fußstapfen des Vaters getreten. Die Tochter ist Ärztin. So, wie er von sich sagt, er habe eine glückliche Kindheit gehabt, können wohl auch seine Kinder über ihr Elternhaus urteilen. Nach fünf Jahren Arbeit im Leipziger Zoo wurde er in die Hauptstadt gerufen. Sein Chef sollte den neuen Tierpark in Berlin aufbauen, mußte aber verreisen und schickte seinen Stellvertreter."

Noch einmal sei - allein der Chronologie willen - Gisela Karau ins Wort gefallen. Die Berufung nach Berlin klingt wie eine Versetzung von Abteilung I nach Abteilung II oder umgekehrt.

Richtig aufhellen aber kann man diese Leipzig-Berlin-Fahrt des Heinrich Dathe nur mittels Behandlung einer Reihe von Fragen. Als da wären: Warum brauchte Berlin einen neuen Zoodirektor? Was für alle, die jene Jahre nicht erlebten, die zweite Frage aufwirft: War es der Direktor des Tierparks, den man suchte? Und die Frage folgen läßt : warum brauchte Berlin überhaupt einen "Tierpark"? Es gab da den traditionsreichen Zoo, und gemeinhin leistet sich keine Stadt, die zu ihren öffentlichen Verkehrsmitteln noch Trümmerbahnen zählt und vor Sorgen nicht schlafen kann, ausgerechnet einen zweiten Zoo.

Es ist nicht selten behauptet worden, daß die Idee dem Prestigedenken der DDR-Führung zuzuschreiben war. Man mag das bewerten, wie man will, doch spekuliert diese Behauptung mit der menschlichen Eigenschaft der Vergeßlichkeit. Wer über einen Schritt im Jahr 1954 urteilen will, muß sich wenigstens die damalige Situation in Erinnerung rufen. An die Mauer war noch nicht zu denken, und dennoch war die Stadt längst geteilt: durch den 1948 erlassenen Befehl der Alliierten Stadtkommandanten, in den Westsektoren eine zweite Währung einzuführen, ein Befehl, - das wird beim "aufarbeiten" mit Vorliebe unterschlagen - der gegen eine schriftliche Übereinkunft der Außenminister der vier Besatzungsmächte erlassen worden war. Um den schon bei der ersten Auflage hurtig verbreiteten Vorwurf, das Leben Prof. Dathes "politisieren" zu wollen, von vornherein zu entkräften, sei hier konstatiert, daß seine Berufung nach Berlin keinen politischen Hintergrund erkennen läßt; aber gewissenhafte Historiker werden nicht umhin können, im Zusammenhang mit der Geschichte Berlins des Jahres 1954 politische Fakten zu benennen, die auch die Gründung des Tierparks nicht ausgrenzen.

Bedenkt man, daß der Kurs zwischen beiden Währungen - von Wechselstubenhändlern, Bankiers und Politikern vereint manipuliert - zuweilen Rekordquoten von 13:1 erreichte, dann ist mühelos zu verstehen, daß sich solch wenig soziale Sympathie für die "armen Brüder und Schwestern" offenbarendes "Gefälle" auch auf so unpolitisch-menschliche Interessen wie einen Zoobesuch auswirkten. Legt man nur die jahrelang gehandelte Wechselquote von 5:1 zugrunde, so ergab sich - vor der Einrichtung der Ostmarkkassen - im Westberliner Zoo für eine vierköpfige Familie aus dem Ostteil der Stadt eine Ausgabe von 60 Mark! Wer konnte die für einen Sonntagsausflug schon aufbringen?

Ich hatte Wilhelm Pieck Ende der vierziger Jahre über dieses Problem reden hören. Ich fand darüber weder Dokumente noch Notizen. Vielleicht tauchen sie in dieser aktenschwangeren Zeit demnächst auf, doch zweifele ich daran, weil vornehmlich Vorwürfe und Anklagen aus den Archiven gegraben werden. So bleibt mir nur, meine Aussage unter Eid zu Papier zu bringen: Wilhelm Pieck beschäftigte die Frage, wie man Kindern im Ostteil der Stadt die Möglichkeit sichern könnte, Elefanten oder Löwen zu bestaunen und sich über die Späße der Affen zu freuen. Was immer Historiker über Wilhelm Pieck ausforschen mögen, ich gebe am Rande seines Lebenslaufs zu Protokoll: ihm lag ein für Ostberliner erschwinglicher Zoobesuch am Herzen. Daß sich die Verwirklichung dieses Planes noch Jahre hinzog, lag daran, daß man zuviel andere Sorgen hatte, als über den geeigneten Platz für ein Gehege exotischer Tiere und über einen Tierparkdirektor nachzudenken.

Als es 1954 dann soweit war, hatte man die Ostberliner schon unzählige Male aufgerufen, Steine zu klopfen, Werkbankreste aus dem Schutt zu zerren, löchrige Fabrikhallendächer abzudichten oder S-Bahnschienen zu montieren, die Spezialtrupps der Roten Armee ein paar Jahre zuvor demontiert hatten.

Man begann an sich selbst zu denken, den Sonntag mit der Familie im Grünen zu verbringen. Aber das Stichwort "Tierpark" elektrisierte die Menschen und ließ sie in Scharen nach Friedrichsfelde pilgern!

Von Belang für die Beurteilung dieses Vorhabens ist die Erinnerung an eine Initiative aus dem Jahre 1929. Damals hatte sich ein "Verein zur Förderung eines Volkstierparks in Groß-Berlin e.V." gebildet. In der Begründung des Vereinsantrags stand zu lesen: "Es handelt sich darum, für die Werktätigen, namentlich für die in den östlichen und nördlichen Teilen Großberlins wohnhafte Arbeiterbevölkerung, einen Tierpark zu erstellen, der, volkstümlich gehalten, allgemein beliebte und sehenswerte Tiere gegen ein möglichst geringes Eintrittsgeld zeigen soll."

25 Jahre später...

Der Antrag fand viel Anklang und Anhänger. Zu denen, die dem Verein spontan ihre Unterstützung zusagten, gehörten Käthe Kollwitz, der Schriftsteller Alfred Döblin - Autor des Bestsellers "Berlin Alexanderplatz" - und der Karikaturist Paul Simmel. Ein Motiv für die Popularität dieses Antrags dürften auch Erfahrungen der Jahre 1922 und 1923 gewesen sein, als die den Zoo betreibende Aktiengesellschaft kurzerhand die Tore verriegelt hatte, weil die Inflation keinen Gewinn mehr versprach. Der Magistrat hatte sich damals bereiterklärt, den Zoo zu übernehmen, aber die Aktionäre winkten ab: Sie "wickelten" statt dessen einen Teil des Tierbestandes "ab" und verkauften attraktive Grundstücke, die zu den Straßen hin lagen. So entstand der UFA-Palast am Zoo

Der Antrag des "volkstümlichen Tierparks" gelangte ins Stadtparlament, die Berliner Zeitungen unterstützten oder attackierten ihn. Die "Rote Fahne" erinnerte an die hohen Eintrittspreise des Zoos, auch die "Welt am Morgen" monierte: "Der Zoo hat durch seine Eintrittspreise häufig zu öffentlichen Protesten Anlaß gegeben". Aber: Der Antrag wurde abgelehnt, für ihn stimmten nur die Fraktionen der SPD und der KPD...

Mit einer "Verzögerung" von 25 Jahren wurde dieses Projekt also nun doch in Angriff genommen. Beschlossen vom Magistrat, finanziert von der Bärenlotterie, ermöglicht aber letztlich durch die vieltausendköpfige Menge von "Investoren", die in ihre Geldbörsen griffen oder nach Hacke und Schaufel langten und mit Freizeit und Arbeitskraft "bezahlten".

Heinrich Dathe - von dem seine Umgebung versichert, daß auch er die Idee eines "volkstümlichen Zoos" vertrat, hatte schon in der "Gründerzeit" viel Wert auf Transparenz gelegt, immer bedacht, sein Projekt jedem zu erläutern und - auch um vor Illusionen zu warnen - darauf verwiesen, daß es sich nur Schritt um Schritt realisieren lasse. In der "Täglichen Rundschau" - Zeitung der sowjetischen Besatzungsmacht begründete er den Berlinern im März 1955, warum man sich beim Standort für den Schloßpark Friedrichsfelde entschieden hatte, und die Auflistung seiner Motive dürfte jedem Bürger einleuchtend und verständlich gewesen sein: "Der Boden ist sandig, so daß sich nach Regengüssen Pfützen nicht lange halten werden. Der Baumbestand ist brauchbar, ja zum Teil prachtvoll. Würde man dagegen auf einer kahlen Fläche einen Tierpark neu anlegen, so wären mindestens 10 bis 20 Jahre Wartezeit erforderlich, ehe ein bemerkenswerter Baumbestand herangewachsen ist. Das Gelände ist etwas bewegt. Es wird auf der Ost- und Südseite durch die Reichsbahn, auf der Nord- und Westseite durch Straßen abgegrenzt. Vom Osten schützt ein hoher aufgeschütteter Damm, in den später die Gehege für Steinböcke, Paviane und andere Tiere eingebaut werden sollen, vor kaltem Wind. Nicht zuletzt aber macht es die Größe der zur Verfügung stehenden Fläche - etwa 160 Hektar - möglich, alle Ansprüche, die der Besucher an einen modernen Tierpark stellen kann, zu erfüllen."

Drel Ponys und eln Meerschwelnchen

"Hinzu kommt, daß die Verkehrslage ausgezeichnet ist. S- und U-Bahnstationen sind ganz in der Nähe. Massenbesuch können Straßenbahnen und Omnibusse leicht bewältigen. Die Tiere sollen, soweit möglich, in Freigehegen untergebracht werden. Ich zweifle nicht, daß die sprichwörtlich gute ‚Berliner Luft' auch den Tieren zugute kommen wird. Oft fragte man mich, woher ich die Tiere nehmen will. Nun, das ist die geringste Sorge. Viel mehr Sorge macht uns Mitarbeitern des Tierparks die rechtzeitige Fertigstellung der Unterkünfte. Eine Anzahl von Tieren ist uns schon geschenkt worden. Bisher allerdings leben nur drei Shetlandponys und unser Meerschweinchen 'Hansi' im Tierpark. Kürzlich wurde uns ein junger Rothirsch überbracht. Er kam aus Thüringen, wo er bisher in einem Gasthausgarten lebte. Wenige Tage nach der Ankunft des Hirsches trafen zwei Rechnungen ein. Die eine Rechnung enthielt die Frachtkosten, die andere lautete auf acht Bockwürste und acht 'Helle'. Ich war zunächst erstaunt, dann stellte sich heraus, daß der Absender, um den Hirsch einzufangen, Verstärkung gebraucht hatte. Er fand sie in einigen Gästen des Wirtshauses, die er dann nach der anstrengenden 'Jagd' beköstigte. Ich dankte dem Spender herzlich für das Geschenk, brachte zugleich aber meine Genugtuung zum Ausdruck, daß er keinen Elefanten geschenkt hatte. Wer weiß, welches Festessen er uns dann in Rechnung gestellt hätte." Diese Geschichte bekräftigt nicht nur den von Gisela Karau schon gewürdigten Humor - bei Heinrich Dathe wohl eine Charaktereigenschaft -, sondern offenbart auch, daß der Leipziger Zoodirektor "Berliner Witz" von der Pleiße mit an die Spree gebracht hatte, und zwar in einem

Maße, den man manchem Kommunalpolitiker wenigstens zu einem Viertel gewünscht hätte. Damals! Von heute ganz zu schweigen.

Dathe bemühte sich in diesem Artikel von 1955, vieles zu beantworten: "Es bleibt die Frage: Wann wird der Berliner Tierpark eröffnet? Ein genauer Termin kann zwar noch nicht genannt werden, doch länger als bis zum Sommer dieses Jahres wird es nicht dauern."

Schließlich wurde der Termin kundgetan: 2. Juli 1955.

Zwei Tage vor der Eröffnung schrieb Dr. Dathe im ND: "Übermorgen ist es soweit: Der Berliner Tierpark öffnet seine Pforten. Und wenn nach der festlichen Eröffnung die Besucher das schattige Dunkelgrün der alten Parkbäume und das Hellgrün der sonnigen Baumwiesen durchwandern, werden sie spüren, was das Wort Tierpark im eigentlichen Sinne bedeutet: vollkommene Harmonie von Landschaft und Tier. Selbst die Umgebung des Watussi-Rindgeheges erweckt im Betrachter die Vorstellung afrikanischer Baumsteppen, und die Reh- und Schwarzwildgehege scheinen in einem heimischen Laubwald errichtet worden zu sein. Von kaum einem anderen Tierpark wird man sagen können, daß Gartenkünstler dreier Jahrhunderte zu seinem Entstehen beitrugen. Der berühmteste von ihnen ist Lenné. Sein Andenken wird durch den nach ihm benannten wiedererrichteten Lenné-Hügel geehrt. Tausende Aufbauhelfer, nicht zuletzt die Lichtenberger Schulkinder, haben beim Aufbau des Tierparks mit Hand angelegt. Seine erste Bauetappe ist abgeschlossen.

'Ich freue mich grundsätzlich über jeden neuen Zoo, weil ich überzeugt bin, daß der Zoologische Garten in der heutigen Zeit und erst recht in der kommenden überaus wichtige Aufgaben zu erfüllen hat.' Das schrieb mir kürzlich in einem Glückwunschbrief der bekannte Direktor des Züricher Zoologischen Gartens, Prof. Dr. Dr. h.c. Hediger. In diesen Worten liegt in aller Kürze auch die Begründung für den Aufbau unseres Berliner Tierparks; denn nach dem letzten verheerenden Krieg hat es sich zu unser aller Überraschung gezeigt, daß die Menschen nicht etwa - wie wir fürchten mußten - den Tiergärten fernblieben, sondern daß sie geradezu hineinströmten, so daß überall, in Europa genauso wie in Nordamerika, in Japan, in Westdeutschland wie in der Schweiz, der Zoobesuch sehr stark anstieg. An vielen Orten entstanden und entstehen neue Tiergärten. Selbst kleine Städte mit dichtbesiedelter Umgebung schaffen sich kleine Anlagen, die eines regen Zuspruchs durch die Bevölkerung sicher sein können. Manche Großstädte haben sogar mehrere Zoos - New York 4!

Nun bekommt also auch die deutsche Hauptstadt zu ihrem Zoologischen Garten noch einen Tierpark. Freilich, es tauchten Zweifel auf, ob zwei so ähnliche Einrichtungen nebeneinander in Berlin überhaupt existieren könnten. Doch sind diese Zweifel völlig unbegründet. Ich möchte zitieren, was mir meine Berner Kollegin Frau Prof. Dr. Monika Meyer-Holzapfel schrieb: 'Für eine Stadt wie Berlin sind ja zwei Tiergärten gewiß nicht zuviel. Ich nehme vielmehr an, daß sich beide ergänzen werden, so daß jeder seinen besonderen Charakter erhalten wird'.

Dem ist voll beizupflichten; denn in ihrer Struktur sind der Berliner Zoo und unser neuer Berliner Tierpark so grundlegend unterschiedlich, daß eine Konkurrenz, die von niemandem gewünscht wird, von vornherein ausgeschlossen ist. Der altehrwürdige 100jährige Berliner Zoo ist und bleibt ein Garten, während der Berliner Tierpark eben ein ausgedehnter Park mit geräumigen Gehegen für größere Tiergruppen sein soll.

Am 27. August 1954 beschloß der Magistrat von Groß-Berlin die Gründung eines Tierparks und betraute mich mit seiner Leitung. Der Magistrat bestätigte alle Pläne für 1955. Es war uns deshalb von vornherein klar, daß es außerordentlicher Anstrengungen bedürfe, Arbeitskräfte und Materialien, die nun einmal zum Bau eines solchen Kulturvorhabens gehören, rechtzeitig sicherzustellen. Ende Oktober zog ein Architektenkollektiv unter Leitung des jungen, tüchtigen Architekten Graffunder in das Schloß Friedrichsfelde ein, um mit den Entwurfsarbeiten zu beginnen. Ihm folgte eine Woche später eine Gruppe von Gartenarchitekten unter der Leitung von Frau Bendig.

Im Schloß mußten zunächst Arbeitsmöglichkeiten geschaffen werden, da weder Heizung noch Licht und Telefonanschlüsse vorhanden waren. Was haben wir in den Wintermonaten gefroren, und wieviel Unbequemlichkeiten hat jeder ohne Murren auf sich genommen! Aber das eine muß ich allen meinen Mitarbeitern bescheinigen: Es ist niemand unter ihnen, der nicht ganz und gar von der Einmaligkeit und Schönheit der uns übertragenen Aufgabe durchdrungen und der nicht bereit wäre, ohne mit der Wimper zu zucken, jede Mehrarbeit auf sich zu nehmen. Wir haben neulich den ersten großen Tiertransport von Hagenbeck in pladderndem Regen ausgeladen. Fünf Stunden mußten wir ausharren, bis alle unsere Pfleglinge versorgt und untergebracht waren. Am Schluß waren aber Frau Fecho, unsere Verwaltungsleiterin, und meine Sekretärin nicht weniger klatschnaß als unsere brave Wärterschar.

Der erste Bauabschnitt wird nun am 2. Juli freigegeben. Für diesen Teil nahmen wir uns vor, den durch Krieg und die ersten Nachkriegsjahre verwilderten Park des Friedrichsfelder Schlosses zu restaurieren. Dazu war einmal nötig, daß das im Süden des Schlosses vorhandene Parterre, das einstmals zumindest auf dem Plan bestanden hat, in einem sparsamen barocken Stil wiedererrichtet und daß zum anderen die rund ein Kilometer lange Schneise, die vom Schloß südwärts führt, wiederhergestellt würde.

Der Denkmalspfleger von Groß-Berlin, Oberbaurat Küttler - Schloß und Park stehen unter Denkmalsschutz -, und die 'grüne Hand' des Chefarchitekten, Hinkefuß, haben ein gerüttelt Maß Verdienst an all dem Schönen, was in den letzten Wochen an dieser Stelle des Parks entstanden ist. Die Schneise ist links und rechts mit etwa 1000 Rhododendren und Freilandazaleen besetzt. Später soll nochmals die dreifache Zahl folgen, dazu Magnolien und auf die Wiesenstreifen davor Himmelschlüssel, Krokus und Schneeglöckchen. Diese Pflanzen bieten die Gewähr, daß dieser eindrucksvolle Zugang zum Park auch stets grün ist. Lenné, der übrigens auch die gärtnerischen Entwürfe für die Anlage des Berliner Zoologischen Gartens schuf, hat später den ältesten Teil des Friedrichsfelder Parks in seiner Weise umzuformen getrachtet und darüber hinaus noch ein Stück Wiesenaue in östlicher Richtung dazu genommen. Auch dieser Teil wurde bereits in die Neugestaltung einbezogen. Hier entstand der Tierkinderpark.

Der äußere Rundgang um die Aue weist zunächst provisorische Gehege für allerlei Huftiere auf. Für diese Tiere werden im zweiten Bauabschnitt 1955 noch die endgültigen Behausungen errichtet. Die beiden Elefanten werden ihre Vorstellungen unter einem Baldachin geben, und im Raubtierwagen sind Wölfe, Hyänen und Dingos zu sehen; denn ein richtiges Raubtierhaus soll ja erst 1956 gebaut werden. Etwa in der Mitte des jetzt freigegebenen Geländes erhebt sich ein Hügel, der Lenné-Hügel, ihn krönt ein zierliches Tempelchen, von dem man einen bezaubernden Blick auf eine Reihe von Weihern mit allerlei Wassergeflügel hat.

Nach der Eröffnung wird ohne Pause weitergearbeitet. Noch in diesem Jahr sollen Häuser für Kamele, Lamas, Nilgau-Antilopen und Bisons gebaut werden.

Im nächsten Jahr werden die Bärenunterkünfte in der Nähe des größeren an der Treskowallee gelegenen Eingangs geschaffen. Man wird von dort Braun- und Altbären in schönen gesonderten Freigehegen bewundern können. An der Treskowallee soll ein Bärenschaufenster entstehen, wie es vor Jahren Hagenbeck in sehr geschickter Weise erstmalig entworfen hat. Jeder Vorübergehende wird plötzlich große Bären ohne Gitter vor sich haben... Auch die Zahl der Kunstgegenstände, der

Bronzen und steinernen Standbilder wird Zug um Zug ergänzt. An Ideen fehlt es nicht - auch nicht an tatkräftiger Mithilfe. Übrigens ist es noch wenig bekannt, daß unser Tierpark nicht aus Haushaltsmitteln, sondern aus Mitteln der Berliner Bärenlotterie errichtet wird."

Elsbären vom VEB Kälte

"Viele Betriebsbelegschaften sammeln das Geld zur Anschaffung der Tiere. So erhielt der Berliner Tierpark vom Ministerium für Schwerindustrie und vom 'Neuen Deutschland' je einen Elefanten. Eisbären erstanden der VEB Kälte und die Konsumgenossenschaft Köpenick. Volkskammerpräsident Dr. Dieckmann stiftete eine Nilgau-Antilope, der VEB Malerei und Glaserei erwarb uns eine ganze Gruppe von fünf Guanacos. In rund 100000 Aufbaustunden, die alle Schichten der Bevölkerung leisteten, konnte eine Einsparung von etwa 100000 DM in diesem Jahr gemacht werden. Auch von auswärts trafen und treffen laufend Spenden ein. Von 'Unbekannt' aus Leipzig 500 DM, aus Charlottenburg desgleichen 50 DM. Ein Rentner schickt monatlich regelmäßig 2 DM. Die Schulsammlung ergab bisher ungefähr 125 000 DM. Diese wenigen Zahlen lassen - so glaube ich - deutlich erkennen, mit welcher Freude ganz Berlin am Aufbau des Tierparks mithilft."

So sehr sich Dr. Dathe damals also auch bemühte, dem Tierpark jede politische Note zu nehmen und die Existenz zweier Zoos in einer Stadt für durchaus vertretbar zu erklären, das Echo der Medien westlich des Brandenburger Tores war - behutsam formuliert - nicht eben wohlwollend.

"Mit dem heutigen Tag gibt es zwei Zoologische Gärten in Berlin. Das Bestreben, die Ostbewohner von der mit einem Zoobesuch verbundenen Fahrt in die Westsektoren abzuhalten, hat zu diesem Kuriosum geführt," kommentierte die damals noch in Hamburg erscheinende "Welt" die Eröffnung, und fuhr dann fort:

"Hier dominieren Konkurrenzabsichten: indem man jede 'spalterische' Tendenz entrüstet von sich weist, baut man haargenau einen zweiten Zoologischen Garten hin, der dem ebenfalls in Erweiterung begriffenen Zoo in Charlottenburg in allen wesentlichen Merkmalen gleichen soll. Nur billiger haben es die Ostberliner Bauherren gehabt: Über 100 000 unbezahlte Arbeitsstunden mußten von 'freiwilligen' Aufbauhelfern geleistet werden. 125 000 Ostmark mußten Ostberlins Schulkinder in Klingelfahrten an den Wohnungstüren auftreiben. 3000 private Handwerker führten kostenlose Reparaturen aus, für die ihnen der Baustab nicht einmal das Material zu stellen vermochte. Auch der in der letzten Wochen eingetroffene Tierbestand fiel zu Lasten von Betrieben und Verwaltungen."

Sechs Wochen später titelte das gleiche Blatt einen weiteren Bericht aus Friedrichsfelde mit der Frage: "Können Tiere Politik machen?" und fabulierte: "Diese Frage ist nicht so komisch, wie sie klingt: Kann man auch mit Tieren Politik machen? In Berlin scheint sie augenblicklich durchaus ernst gemeint. Denn seit sechs Wochen gibt es im östlichen Teil unserer zerschnittenen Hauptstadt ein Gegenstück zum Westberliner Zoo - den Berliner Tierpark".

Das Thema Tierpark blieb lange aktuell. So brachte die "Welt" am April 1967 die Tatarennachricht: "Nun sind auch die Tage von Schloß Friedrichsfelde im Ostberliner Tierpark gezählt. Der historische Bau soll endgültig abgerissen werden. An dem Bretterzaun, der das stattliche Barockschloß seit einiger Zeit wegen Einsturzgefahr absperrt, hängen Schilder mit dem Hinweis, daß die Anlage durch 'Schwamm baufällig geworden' sei, daß sie ,in den nächsten Jahren' restauriert werde. Aber das ist nur eine Finte. Die üblichen Versuche, der Bevölkerung Sand in die Augen zu streuen. Tatsache ist: Statt eines Schlosses werden die Ostberliner in den nächsten Jahren ein HO-Café an gleicher Stelle vorfinden." Dies nur, um anzudeuten, daß sich der Tierpark und sein Chef zwar zunehmender Popularität bei der Berliner Bevölkerung erfreuen durften, aber immer auch beliebter Gegenstand unsinniger Verdächtigungen blieben.

So der "Tagesspiegel" über das Schloß: "Man ließ den interessanten Barockbau mit Fleiß verfallen, um dann sagen zu können: seht doch selbst, es lohnt sich nicht, an diesen baufälligen Kasten noch Geld und Mühe zu wenden, weg mit ihm!"

Diese Anklage richtete sich natürlich auch gegen Heinrich Dathe, doch bedarf es keines Verteidigungsplädoyers - er hatte sich schon ein Jahrzehnt zuvor dazu geäußert, als man sich für Friedrichsfelde entschieden hatte: "Das Schloß gefiel mir!"

Zudem: 1968 begann die kontinuierliche Rekonstruktion des Schlosses. 1981 wurde es der Öffentlichkeit zur Besichtigung freigegeben und war fortan auch beliebte Stätte kultureller und wissenschaftlicher Veranstaltungen. Im April 1993 forderte eine Mehrheit der Stadtverordnetenversammlung Lichtenberg, das Schloß aus dem Tierpark herauszulösen, was dem Senat schriftlich empfohlen wurde. War das ein getarnter Anschlag auf die komplexe Anlage?

Doch zurück zu jenem Tag, da Berlin die Tierparkeröffnung feierte. Dr. Dathe wurde ein riesiger Schlüssel überreicht, wie man das bei solchen Anlässen zu tun pflegt.

Die Besucher strömten in Scharen. Dr. Heinrich Dathe, bis dahin mehr "Pionier" als "Direktor", begann mit dem gleichen Elan, mit dem er die ersten Entscheidungen getroffen, die ersten Tiere mit versorgt und mit seinen Mitarbeitern die Pläne begutachtet und erörtert hatte, sein Lebenswerk in Angriff zu nehmen. Das Schiff war vom Stapel gelaufen, der Kapitän hatte seinen Platz auf der Brücke eingenommen! Seine "Karriere" entsprach übrigens in nichts den dreieinhalb Jahrzehnte später als angebliche Voraussetzung für eine

Laufbahn in diesem Staat verkündeten "Bedingungen": Er war nicht Mitglied der SED und wurde es auch nie ...

Ohne etwa in dem heute gern praktizierten Stil oberflächlicher Verdächtigungen einen Zusammenhang zu dieser Feststellung herstellen zu wollen, sei an einen Vortrag erinnert, den der Direktor 1986 vor den Mitgliedern des Hauptvorstandes der CDU hielt und in dem er - faktisch eine Bilanz ziehend - in seiner ebenso allgemeinverständlichen wie fundierten Weise aufschlußreiche Gedanken zum Berliner Tierpark und zum Tierpark in unserer Zeit äußerte.

"Erlebnisse mit Tieren gehören für viele Menschen zu den wichtigsten Quellen, aus denen sie Freude, Erbauung und Wissen schöpfen. Es gibt wohl kaum einen unter uns, dem der Gang durch einen Tiergarten keine innere Bereicherung bedeutet. Wer sich für Tiere interessiert, wer Liebe zu ihnen und zur Natur empfindet, dem wird sich die Begegnung mit der vielgestaltigen Fauna eines Zoos gleichsam als eine Reise durch die Großtierwelt unserer Erde offenbaren. In unserem Tierpark hat der Besucher beispielsweise die Möglichkeit, Tiger 'live' zu beobachten. In Indien wäre die Wahrscheinlichkeit, einer solchen Großwildkatze von Angesicht zu Angesicht gegenüberzustehen, schon wesentlich geringer.

Tiergärtnerei ist eine uralte Angelegenheit. Sie hat sich im Verlaufe der Jahrhunderte bis in unsere Tage zu einer wichtigen kulturellen Einrichtung entwickelt, die gerade in unserem Lande unverzichtbar geworden ist.

Der älteste noch existierende Zoo der Welt ist der in Wien-Schönbrunn, eingerichtet von Franz I., dem Gatten der Maria Theresia. Tiergärten gehörten damals zu den Statussymbolen der Herrscherhäuser und dienten auch ausschließlich dem Vergnügen der höfischen Kreise. In der langen Geschichte des Zoos, die bis in die Zeit der Pharaonen zurückreicht, brachte erst die Französische Revolution eine Wandlung dergestalt, daß breitere Kreise der Bevölkerung Zugang zu Tiergärten bekamen.

Denn damals wurde in Frankreich die Menagerie von Versailles nach Paris überführt.

Jedermann sollte etwas von den exotischen Tieren haben. Deshalb nahm sich das aufstrebende Bürgertum der Einrichtung von Tiergärten in anderen Ländern an, auch in Deutschland. Der älteste Zoo auf dem Gebiet der heutigen DDR ist der Dresdner, der gerade sein 125jähriges Jubiläum feierte. Der Leipziger Zoo kann auf reichlich 110 Jahre seines Wirkens zurückblicken. Nicht minder traditionsreich ist der Zoo in Halle. Fast alle Tiergärten waren durch den zweiten Weltkrieg in Mitleidenschaft gezogen. Mit dem Aufbau der antifaschistisch-demokratischen Ordnung begann, unterstützt durch sowjetische Kulturoffiziere, auch ihre Wiederherstellung.

Keiner von uns hätte damals angesichts der riesigen materiellen und geistigen Trümmer daran zu glauben gewagt, daß zugleich mit neuen Wohnungen, Betrieben und Schulen wieder zoologische Gärten entstehen würden. Um so größer ist unsere Freude darüber, daß neben den bekannten Zoos in der Republik bis heute etwa 120 kleine zoologische Einrichtungen entstanden, die entsprechend den jeweiligen Territorien von uns betreut und angeleitet werden.

Mit dieser Entwicklung hat unser Land einen international hohen Stand erreicht. Für viele, vor allem für die Kinder und Jugendlichen ist es zum Bedürfnis geworden, ihre Freizeit auch dem Umgang mit dem Tier zu widmen und sozusagen beim Spazierengehen zugleich Biologie zu lernen. In manchen Ländern ist gegenwärtig ein Trend gegen Tiergärten zu beobachten, der damit begründet wird, daß die Begegnung mit dem Tier heute auch durch Fernsehen und Radio vermittelt werden könne. Einer solchen Tendenz muß ich mit aller Deutlichkeit widersprechen.

In den Tiergärten erforscht

Was wir über Tiere wissen, ist doch zum großen Teil von Menschen in Tiergärten erforscht worden, und erst das Leben der Tiere im Zoo ermöglicht uns im wesentlichen solche Forschungsarbeiten, die in der freien Natur gar nicht möglich wären. Keiner kann etwa hineinschauen in die Wurfhöhle einer Eisbärin, die sich in einer Gesteinsspalte ihres Lebensraumes verkriecht oder sich ein Loch gräbt, um darin zu gebären und - eingeschneit - von November bis April mit ihren Jungen dort zu verbleiben. Ein anderes Beispiel: Eine Elefantenkuh zieht sich, wenn sie ihr Junges zur Welt bringen will, in den Busch zurück, wirft dort und marschiert, wenn der Nachwuchs soweit ist, daß er gut laufen kann, der Herde hinterher. Aber daß das Kleine in den ersten Stunden gar nicht in der Lage ist, flott zu laufen, erkannten wir doch erst bei den Geburten in menschlicher Obhut.

Alles, was wir über Löwen wissen, hat mein einstiger Chef und Direktor des Leipziger Zoos, Prof. Dr. Karl Max Schneider, zusammengetragen. Er nahm Vermessungen an über 2000 jungen Löwen vor, registrierte auch das Gewicht der kleinen Großkatzen. Daraus erwuchs ein riesiges Material, das mein Kollege Prof. Dr. Siegfried Seifert, der jetzige Leipziger Zoodirektor, aufbereitete und in einer Dissertation zusammenfaßte. So gewannen wir also die wichtigsten Erkenntnisse über Löwen aus dem, was in vieljähriger Forschung im Leipziger Zoo und zuvor in anderen Tiergärten erarbeitet wurde, aber eben nicht aus Beobachtung der Tiere in Freiheit. Natürlich müssen Freilandbeobachtungen und aus tiergärtnerischer Pflege gewonnene wissenschaftliche Ergebnisse wie die zwei Schalen einer Muschel zusammengefaßt werden, wenn wir umfassendes Wissen über Leben und Verhaltensweisen der Tiere gewinnen wollen. Das betrifft auch die Alterserscheinungen, die Beantwortung der Frage, wie lange ein Tier Junge haben kann.

Interessant ist in diesem Zusammenhang die Tatsache, daß in Gefangenschaft gehaltene Tiere früher reif werden als die in freier Wildbahn. Deren Leben ist oft karger. Nicht jeden Tag kann ein Löwe in der Wildnis eine Beute erreichen und sich sattfressen. Seine Lebensgrundlage ist also eine sehr viel schlechtere. Ich kann anhand unseres Forschungsprogramms der letzten Jahre auch eine interessante Feststellung hinsichtlich der bei uns gezüchteten Pelikane treffen. Hier ergab die kontinuierliche jährliche Zucht dieser vom Aussterben bedrohten Großvögel, daß die jungen oft größer sind als die Alten, die noch aus der Freiheit stammen. Die Arbeit in unserem Tierpark ist von außerordentlich vielgestaltiger Art. Millionen Menschen zieht diese Kulturstätte jährlich an. Viele, die sich hier erholen und bilden, fragen uns immer wieder, wie hoch wohl die Summen für das Futter seien, das hier täglich verbraucht wird. Ich kann die Fragesteller beruhigen, weil viele falsche Vorstellungen existieren. Obwohl Großraubtiere Fleisch fressen und vor allem auch viel Fisch gebraucht wird, kosten uns unsere Tiere, wie Überprüfungen ergaben, immerhin nur einen Teil von dem, was den Haushalt manch anderer Kultureinrichtung in Berlin ausmacht.

Es ist vor allem auch für die junge Generation attraktiv, die nicht nur an Sport und Technik interessiert ist, sondern sich - zumal aus der Großstadt - in immer stärkerem Maße zur Natur und ihrer Erhaltung hingezogen fühlt. Die Besucherzahlen weisen aus, wie stark der Drang ist, sich mit Tieren zu beschäftigen, sie besser zu verstehen und Lehren für die eigene Handlungsweise abzuleiten. Schon frühzeitig sollen die Kinder an die Kreatur herangeführt werden, denn nur, wenn sie Tiere und Pflanzen kennen, können sie auch wissend für ihren Schutz eintreten.

Das war schließlich auch der Leitgedanke, unter dem wir vor mehr als 20 Jahren die Arbeit des Tierpark-Jugendklubs begannen. Allwöchentlich treffen sich rund 400 Kinder, die in 32 verschiedenen Arbeitsgruppen tätig sind und in engem Kontakt zu Schulen und Elternhäusern stehen. Das Spektrum der Aufgaben und Interessen ist sehr breit. Es reicht von Botanik, Zoologie allgemeiner Art oder Vogelkunde bis zur Aquarienkunde, Tierfotografie oder zum Kneten von Tieren. Regelmäßig unternehmen die Gruppen Exkursionen im Tierparkgelände, fertigen Anschauungsmaterialien an und lernen, mit Mikroskop und Präparierbesteck umzugehen. Wir haben schon wieder 100 neue Anwärter für diese lehrreiche Arbeit, aus der bereits eine promovierte Zoologin hervorging, die vielen ein gutes Rüstzeug für die künftige berufliche Arbeit gibt, die vor allem aber naturwissenschaftliche Kenntnisse und Erkenntnisse vermitteln und die Liebe zur Natur ausprägen helfen soll."

Prof. Dathe beantwortete an diesem Tage einem Journalisten auch die interessante Frage: "Albert Schweitzer läßt in seiner Ethik der Ehrfurcht vor dem Leben deutlich werden, daß die Ethik die Ehrfurcht vor Tier und Pflanze einschließt, daß sie keinen Unterschied macht, zwischen höherem und niederem, wertvollerem und weniger wertvollem Leben'. Praktiziert nicht der von ihnen geleitete Tierpark dieses Prinzip auf maßstabsetzende Weise?"

Der Bär als Krankenbesucher

Dathe darauf: "Ja, der Menschen- und Tierfreund aus Lambarene ist aus seiner zutiefst humanistischen Grundhaltung vorbildhaft für Menschen unterschiedlicher Weltanschauung und Glaubensüberzeugung tätig gewesen. Er hat nicht nur zur Bewahrung des Friedens vor atomarer Gefahr ermahnt, nicht nur den Abbau der Rassenschranken, die Beseitigung des Unterschieds zwischen weißer und schwarzer Hautfarbe vorgelebt, sondern auch ein 'gütiges Verhalten der Kreatur gegenüber', wie er es von allen forderte.

Damit wirkte er ganz in unserem Sinne. Wenn der Berliner Tierpark als seine vier wichtigsten Aufgaben die naturwissenschaftliche Volksbildung, die Vermittlung der Wissenschaft vom lebenden Tier, die Anleitung zum Handeln im Natur und Tierschutz sowie die Gewährleistung eines hohen Erholungseffekts für die Bürger der Stadt betrachtet, so sind diese einzelnen Faktoren miteinander verbunden. Denn sie münden letztlich in das eine Anliegen, den liebevollen Umgang mit den Geschöpfen zu fördern.

Wie wichtig eine solche Begegnung für den einzelnen sein kann, möchte ich an einer Begebenheit schildern, die ich zeit meines Lebens nicht vergessen werde. Es war im August des Jahres 1958. Der Bambusbär 'Chi-Chi' aus Peking, eines der ganz seltenen Exemplare seiner Art in der Welt, der bereits in Kopenhagen Aufsehen erregt hatte, blieb auf der Durchreise für einige Wochen als unser 'prominentester' Tiergast in Friedrichsfelde. Eine Berlinerin, um die Dreißig, passionierte Tierfreundin, von einer unheilbaren Krankheit befallen und dem Tode nahe, hatte das eine Verlangen, dem possierlichen schwarzweißen 'Star' und Publikumsliebling des Tierparks zu begegnen.

Als uns das mitgeteilt wurde, zögerten wir nicht einen Augenblick, diesen Wunsch zu erfüllen. Kurz vor dem Tage, da der Kleine, aus den Bambuswäldern Chinas stammend, die Reise nach London antreten sollte, sprach ich mit dem künftigen Besitzer über diese außergewöhnliche Bitte, der er gern entsprach. Wir transportierten 'Chi-Chi' in einer Kiste, trugen ihn die vier Treppen eines Wohnhauses hoch und ließen ihn im Krankenzimmer frei. Über das Gesicht der vom Tode gezeichneten, aber geistig noch regen Frau huschte ein zufriedenes glückliches Lächeln. Wir legten ihre Hand auf das Fell des kostbaren Tieres, das sich nicht manierlicher hätte benehmen können. Das war unser schönster Lohn für die Mühen, das bestätigte und bekräftigte mich in unserem Auftrag, die Menschen an die mit uns lebenden Geschöpfe heranzuführen, an die 'Brüder im anderen Kleid'".

Erwähnen wir ungeachtet der Tatsache, daß das heute den an dieser Zusammenkunft Beteiligten Ärger eintragen könnte, daß sich der Tierparkdirektor in aller Öffentlichkeit für den stattlichen Scheck bedankte, den die CDU am Tage der Eröffnung hatte überreichen lassen...

Erwähnen wir an dieser Stelle auch die Rolle des Tierparks als "Internationales Kongreßzentrum", weil Dathe im Gespräch mit dem Reporter der CDU-Zeitung über eine für September 1987 geplante Beratung sprach: "Wir stellen uns das Thema 'Tiergärten und Umwelt', ein sehr aktuelles, viele und vieles bewegendes Motto. Zahlreiche prominente Vortragende aus dem In- und Ausland haben bereits ihre Mitarbeit zugesagt. Wenn wir im Blick auf den Beratungsgegenstand dieses Treffens davon ausgegangen sind, daß die Tiergärten bei der Bewältigung der in der heutigen Welt anstehenden Umweltprobleme eine nicht geringe Rolle spielen, so überhöhen wir uns und unsere Arbeit wohl keineswegs.

Unsere beachtlichen Besucherzahlen und das wachsende Interesse, das die Menschen aus nah und fern in den Tierpark Berlin und die vielen anderen Tiergärten zieht, beweisen uns, daß die Bürger sich mit unseren Tieren verbunden wissen und zugleich auf unser Wort hören, mit dem wir uns auch durch Presse, Fernsehen und Funk an sie wenden. Die Erlebnisse mit den Tieren, die Beschäftigung mit ihren Lebensgewohnheiten und Verhaltensweisen, aber auch das nähere Vertrautwerden mit der unsere Tierparkbewohner umgebenden Pflanzenwelt strahlen eine bildende, bewußtseinsprägende und zugleich erzieherische Kraft aus. Sie helfen, daß jung und alt immer besser befähigt werden, auf den Schutz der heimischen belebten Natur Einfluß zu nehmen, an einer aktiven Umweltgestaltung teilzuhaben. Sie beginnt beim wohldurchdachten Einsatz von Düngemitteln und Schädlingsbekämpfungsmitteln im eigenen Hausgarten sowie beim überlegten Verhalten im Wald und in den Fluren und verwirklicht sich in irgendeiner Weise letztlich und täglich auch in der Arbeit des einzelnen in Industrie und Landwirtschaft."

Hohe Ziele, vielleicht auch einige höheren Orts nicht in dieser Dimension akzeptierte, aber diese Aussage demonstriert die Haltung Dathes, der aus seinen Ansichten selten ein Hehl machte. Noch einige belangvolle Worte des Tierparkdirektors über die Moral jener vielen Berliner, die in Friedrichsfelde gruben, rodeten, planierten und höhlten: "Erst später stellte sich ein dadurch erzielter Effekt, und zwar ein sehr wichtiger und psychologisch wertvoller, heraus, nämlich daß dieser uns Geld und Kräfte sparende Einsatz der Bevölkerung Berlins noch eine nachhaltigere Wirkung zeigte, weil jeder, der auch nur einmal einen Spaten im Park angegriffen hatte, sich als Miterbauer und Mitbesitzer fühlte. Noch heute, nach einem Vierteljahrhundert, werde ich immer wieder von damaligen Aufbauhelfern stolz auf die seinerzeitige Arbeit angesprochen, und manchmal bin ich ganz erstaunt, wenn junge Ehepaare mit schon großen Kindern plötzlich berichten, daß sie als Oberschüler damals fleißig beim Aufbau mitgeholfen haben. Mehr als einmal wurde ich sogar in Moskau von sowjetischen Frauen und Männern auf ihren aktiven Einsatz während ihres Berliner Aufenthalts angeredet. Es war eben ganz Berlin von der Aktion Tierpark ergriffen. Dadurch zauberte sich die neue Berliner Kulturstätte in die Herzen der Einwohner der Hauptstadt und wurde so schnell populär, wie es andere Einrichtungen erst nach Jahren oder Jahrzehnten erreichen.

Natürlich darf nicht verkannt werden, daß der Berliner von Haus aus ein ganz großer Tierfreund ist. Schnauzt einer meiner Mitarbeiter einmal einen Bären an, kriege ich am nächsten Tag Beschwerdebriefe, daß das Tier schlecht behandelt wurde.

Als nach der Eröffnung den ja tiergärtnerisch verwöhnten Berlinern deutlich wurde, daß in Friedrichsfelde etwas ungewöhnlich Schönes, etwas in dieser Form noch nicht Gesehenes entstand, als auch der letzte Skeptiker überzeugt war, daß Qualität geboten wurde, gab es kein Halten mehr. Alle Dienststellen von Regierung und Magistrat, alle Parteien und vor allem die gesamte Bürgerschaft unterstützten unser Aufbauwerk, eine freundliche Einstellung, die bis zum heutigen Tag unvermindert, eher verstärkt anhält. Bürger, die sich nicht körperlich einsetzen konnten, haben dafür finanziell oder materiell ihr Scherflein beigesteuert. Das tun sie heute noch, wobei der Einzugsbereich der Spenden sich längst über die Republik hinaus ausgeweitet hat. Jährlich fließt uns so spontan aus der Bevölkerung rund eine Million Mark zu. Wir erleben dabei rührende Zeichen der Zuneigung. Da kommt etwa ein betagter Rentner und bringt uns seinen Werkkasten, den er nicht mehr braucht, oder ein altes Mütterchen erscheint allmonatlich und überreicht uns ganz regelmäßig einen namhaften Betrag ihrer Rente. Einmal wurde ich von einer betagten Plauenerin aufgesucht, die mir zu meiner Überraschung ein dickes Bündel Hundertmarkscheine - 15 000 Mark in bar - mit der Bemerkung auf den Tisch legte, sie habe so viel Freude am Tierpark, lese und höre alles darüber, was sie erreichen könne, und wolle nun so ihre Dankbarkeit abstatten. Viele bedenken uns in ihren Testamenten, vererben uns ihre Grundstücke, Kraftwagen und nicht selten ihren ganzen hinterlassenen Besitz. Seit Bestehen des Tierparks sind so über 9,5 Millionen und dazu Aufbauleistungen im Werte von über 5,1 Millionen, zusammen also mehr als 14 Millionen Mark aus der Bevölkerung gespendet worden.

Inzwischen ist der Tierpark nach der Eröffnung des Alfred-Brehm-Hauses am 30. Juni 1963 die meistbesuchte Kulturstätte der Deutschen Demokratischen Republik mit 2,3 bis 2,6 Millionen Besuchern im Jahr und steht damit nach dem Zoo Moskau, der 3 Millionen Gäste jährlich empfängt, an zweiter Stelle in Europa."

Hier sei Prof. Dathe "ergänzt": Stellt man die Einwohnerzahlen beider Städte in Relation, gewinnt die Berliner Zahl noch beträchtlich an Gewicht...

Dathe einmal zum Grundanliegen des Parks: "Wir wollen nicht nur Tiere zeigen, sondern möglichst viele Mitmenschen an den von uns gewonnenen Erkenntnissen teilnehmen lassen. Wir wollen allen Freude am Tier und Entspannung durch Beobachtung seines Verhaltens vermitteln. Deswegen öffnen wir morgens zeitig - im Sommer 7 Uhr, im Winter 1/2 8 Uhr - und schließen erst bei Einbruch der Dunkelheit. So ermöglichen wir auch Vätern, deren Familien den Tierpark besuchen, diese nach Dienstschluß abzuholen und noch einige Stunden der Erholung im Grünen gemeinsam zu verbringen, ganz abgesehen davon, daß jedermann unmerklich dabei auch noch belehrt wird. Auch kann man täglich kommen, denn wir haben während des ganzen Jahres keinen Schließtag. Wir garantieren, daß es niemandem, sooft er auch kommen mag, langweilig wird, weil unsere Schauspieler - die Tiere - immer wieder neue Inszenierungen bringen.

Im Laufe der Jahre haben wir uns auch zu einem Auskunftsbüro großen Stils auf dem Fachgebiet Biologie einschließlich Berufsberatung für naturkundliche Berufe entwickelt. Mehr als 20 000 Briefe und Postkarten gehen jährlich bei uns ein. Es ist ebenso an den Rentner durch Aufstellen zahlreicher Bänke wie an Kinder durch Gestaltung eines Kinderspielplatzes mit Jungtieren, Spielgeräten und einem Planschbecken, an Mütter von Kleinkindern durch Einrichten von Stillräumen mit Wikkeltischen und durch Ausgabe von Leihkinderwagen gedacht wie an Körperbehinderte durch Anlage von Rampen - jeder kann jede Anlage besuchen, ohne Treppen benützen zu müssen - und bereitgestellte Rollstühle, an Fotografen durch Aussparungen im Gitterwerk, damit sie ihre großen Objektive hindurchstecken können.

Auf der fast einen Kilometer langen Mittelschneise ordneten wir die Sitzbänke nicht gegenüberstehend an, sondern alternativ an den Seiten, damit nicht jeder dem anderen, wenn er seine Frühstücksstulle hervorholt, den Bissen in den Mund zählen kann, und zum anderen, daß Damen, besonders wenn sie miniberockt sind, ihre Beine ungeniert bewegen können."

Zwischenfrage des Chronisten: Welcher Zoodirektor auf dieser Erde mag mit seinen Mitarbeitern solche Probleme erörtert und dann so umsichtig gelöst haben? Und auch die möglicherweise "Nostalgie"-Schreier auf den Plan rufende "Zusatzfrage" drängt sich auf: Welcher Zoodirektor kann sich den Luxus solcher Projekte leisten? Der Stil des heute in Friedrichsfelde regierenden Aufsichtsrates beantwortet sie in bitterer Weise.

Dathe hatte auch ein exzellentes Gespür für das, was die Amerikaner "publicity" nennen. Seine Tierparksendung mit Karin Rohn begleitete Jahrzehnte halb Berlin beim Sonntags-Familienfrühstück.

Das wurde damals mit dem hölzernen deutschen Wort "Öffentlichkeitsarbeit" charakterisiert. Heute rollen Lawinen primitivster Werbung auf die Menschen zu - leider ist fast nie ein werbendes Wort für den Tierpark darunter!

Auskunft selbst über den Igel

Mit unerschöpflichem Eifer beantwortete Dathe in Zeitungen die Fragen der Öffentlichkeit.

Hier eine knappe Auswahl, die Aufschluß über seine Vielseitigkeit gibt.

"Was halten Sie vom Igel?"

"Viel, denn er gehört neuerdings zu den Hauptdarstellern in den Medien. Viel Positives und Negatives ist in letzter Zeit über ihn gesprochen und geschrieben worden. Der Igel ist eines von den Tieren, die wachsender Gefährdung ausgesetzt sind, vor allem beim Überqueren der Landstraßen. Weil er sich instinktiv auf sein Stachelkleid verläßt, rollt er sich bei drohender Gefahr zusammen und wird so von den Autos überrollt. Er hat kein Fluchtverhalten. Es zeigte sich bei einer Beratung der Zoologen aus der ganzen DDR, daß es über den Igel noch viel zu erforschen gibt, auch was seine Fortpflanzungsbiologie betrifft."

"Warum gibt es im Tierpark keine Koalabären?"

"Koalas sind deshalb in Europa nicht haltbar, weil sie nur ganz bestimmte Eukalyptusblätter fressen. Immerhin wollen wir mal versuchen, einige Eukalyptusbäume im Park anzupflanzen, denn mit ihren hellen Stämmen und zerfaserten Kronen wirken sie sehr dekorativ."

"Wie steht es um die Störche?"

"Jedes Storchenpaar soll bei uns ein Nest finden. Der Weißstorch zieht bekanntlich weg in afrikanische Länder, wo er Heuschrecken als Nahrung findet. Wenn sie durch Insektizide vergiftet sind, stirbt er daran. Während der Zeit von Frühjahr bis Herbst, die er bei uns verbringt, leidet er unter der Verdrahtung der Landschaft. Die Störche setzen sich auf hohe Leitungsmasten, und wenn sie mit den Flügeln zwischen zwei stromführende Drähte geraten, verbrennen sie. Hier ist Abhilfe dringend geboten. Wir finden großes Verständnis bei der Energieversorgung, und es gibt schon eine Reihe erfreulicher Beispiele, daß die Storchennester auf Hochspannungsmasten durch eine entsprechende Konstruktion so abgesichert sind, daß die Störche die Stromleitungen mit ihren Flügeln nicht mehr berühren können. Geschädigte Tiere erhalten übrigens auf dem Storchenhof Loburg Pflege und Hilfe, bis sie eventuell wieder in die freie Natur zurückkehren."

"Welches ist das gefährlichste Tier im Tierpark?"

"Kein Tier ist von sich aus 'gefährlich' - immer auf den Menschen bezogen. Natürlich mag der Frosch für die Fliege gefährlich sein. Doch Arbeit mit Tieren, auch mit Raubtieren, bedeutet nicht, daß sich jemand Gefahren aussetzen muß. Es kann Situationen geben, die ein gewisses Risiko in sich bergen, die gibt es in jedem Beruf, aber das sind extreme Ausnahmen. Ich selbst hatte noch keine Probleme."

Es gab viele Berliner, die eine jahrelange Freundschaft mit Heinrich Dathe verband. Einer von ihnen war der unvergessene Karikaturist Erich Schmitt, fast ein Dauergast in Friedrichsfelde. In den sechziger Jahren fügte er seinen vielen Serienfiguren mit dem Tierparklehrling Ede eine neue hinzu. Dathe schrieb das Vorwort für das erste schmale Bändchen der Ede-Abenteuer: "Niemand im Berliner Tierpark wundert sich, daß Erich Schmitt zu seinen Schwestern und Rittern auch den 'Tierparklehrling Ede' schuf und damit eine neue urberliner Type ins Leben setzte. Daß der Verfasser von 'Schmitts Tierleben' seine immer wieder vom Tierpark inspirierten Serien fortsetzen würde, ließ sich gar nicht aufhalten. Jeder von uns, der 'Onkel Erichs' Bindung zu Tieren und Tiermenschen kennt, weiß, daß man nicht zuviel sagt, wenn man meint, daß er ein verhinderter Zoodirektor ist.

Er hat immer Tiere zu Hause. Von Zeit zu Zeit werden sie ihm (oder seiner Gattin?) zuviel, und er löst den Bestand auf und bringt ihn zum Tierpark. Aber all seine Vorsätze, künftig auf einen Hauszoo zu verzichten, werden von seiner Tierliebe alsbald wieder zunichte gemacht. Wir sind froh, daß Erich Schmitt in der Karl-Marx-Allee wohnt, denn sonst wüßte ich nicht, ob er mich nicht schon gebeten hätte, ihm doch einmal für ein paar Wochen einen Elefanten auszuleihen. Es kommt kein Transport an, vor allem im Terrarium, der nicht von Erich Schmitt auf seine häusliche Brauchbarkeit überprüft wird."

Vielleicht lebte zu dieser Zeit schon die Großmutter der Schwarzen Mamba, der ich an jenem Märztag 1994 begegnete. Was mich tief berührte war jedenfalls eine überraschende Begegnung mit einem Ede-Enkel. Davon wird noch die Rede sein...

Gern verwies Dathe auch auf die Zuchterfolge des Tierparks, zu deren ersten der Pelikan "Methusalem" gehörte.

Am 1. Januar 1958 wurde der Tierpark Berlin "Kopfstation" für Einfuhren aus der Sowjetunion. Große Transporte von Kamelen, Rindern, Paarhufern und Vögeln wurden von dessen Mitarbeitern in Brest übernommen, zur Quarantäne nach Berlin gebracht und danach von hier an andere Tiergärten in Europa weitergeleitet.

Zu den Besonderheiten des Tierparks muß auch gerechnet werden, daß er einer der wenigen Zoos in der Welt war, der eine wissenschaftliche Zeitschrift herausgab.

Den unglaublichen Aufstieg des Tierparks verdankte Heinrich Dathe seiner Energie, seinem Engagement - und seinen Mitarbeitern.

Zum Beispiel: Rolf Hempel. Als "Ungelernter" kam er mit dem Direktor aus Leipzig nach Berlin. Erwachsenenbildung, Meisterlehrgang, Fachschulfernstudium markierten seinen Weg zum Tierparkinspektor. Seine Abschlußarbeit las Dathe nicht nur der Ordnung halber vor der Abgabe, sondern er half auch mit Rat, und die gute "Note", die er dann gab, ist heute noch Quelle des Stolzes.

Der bei unserem Gespräch 1991 56jährige antwortete mir auf die Frage nach seinem schönsten Erlebnis: "Jede Geburt eines seltenen Tieres ist ein besonderes Erlebnis. Meine Frau ist als Reviertierpfleger für alle Menschenaffen zuständig, die Aufzucht solcher Affen. Hier in unserem Haus sind zwei Orang-Utans als zweites oder drittes Kind in der Familie aufgewachsen, weil die Mütter ihre Kinder aus verschiedenen Gründen nicht selbst aufziehen konnten. Ich will das nicht vermenschlichen, aber sie lebten hier wie zusätzliche Kinder in der Familie."

Sein bitterstes Erlebnis? "Meine Versetzung in die Warteschleife. Ich sage das ganz unumwunden: Wenn man 35 Jahre hier gearbeitet hat und dann von heute auf morgen abtreten muß, kommt einem das sehr hart an. Ich gebe mich auch keiner Illusion hin, was meine Zukunft angeht, wenn ich aus der Warteschleife in die Kündigung entlassen werde."

Das war auch die Zeit, da die Schließung des Affenhauses auf die Tagesordnung geriet.

Bekümmert sagte Hempel: "Ja, es genügt nicht mehr den Anforderungen. Es sollte nach all den anderen Neubauten auch für die Menschenaffen eine neue Lösung gefunden werden, aber dazu ist es leider nicht mehr gekommen."

Dieter Stock war 16 Jahre Chef des Tierparks für Öffentlichkeitsarbeit und Veranstaltungen, arbeitete in dem Leipziger Verlag, in dem der Professor seine Fachzeitschriften "Der Zoologische Garten", "Beiträge zur Vogelkunde" verlegen ließ. Der Anlaß jedoch, der die beiden zusammenbrachte, war - ein Fußballspiel. Stock pfiff in Leipzig als Schiedsrichter, und als die Elf des Tierparks gegen die Mannschaft des Prager Zoos antrat, holte Dathe ihn nach Berlin, und sogar zum Rückspiel nach Prag wurde er eingeladen. Als sich Anfang der siebziger Jahre der damalige Werbeleiter dem Rentenalter näherte, übernahm Stock diese Aufgabe. Zu seinen Aufgaben gehörte es, die traditionellen Tierparkbälle zu arrangieren.

"Es war ein besonderes Vergnügen für den Professor, mit seiner Frau den Eröffnungstanz zu absolvieren", erinnert sich Dieter Stock, vergißt aber nicht hinzuzufügen, daß an solchen Abenden die Forderung des Tierparkdirektors: "Niveau bitte!" auch mit Argusaugen überwacht wurde. "Wenn bei mir am Eingang etwa einer ohne Krawatte durchgeschlüpft war, konnte ich mich auf eine dicke Zigarre gefaßt machen. Eine seiner ständigen Redensarten lautete: 'Sie sind der Außenminister, ich kann mich mal verstecken, Sie nicht!"'

Bis hin zu den Souvenirs behielt der Direktor alles im Auge. Dieter Stock erinnert sich: "Die mußten natürlich anders aussehen, als die in Bad Schandau oder Ahrenshoop angebotenen."

Dr. Grummt, ein halbes Leben lang Stellvertreter Professor Dathes - er galt als sein potentieller Nachfolger, doch ging im Tierpark der Scherz um, der Direktor werde ihn eines Tages als Rentner verabschieden - hat unzählige Stunden an seiner Seite verbracht und holte, um dem vielen schon Gesagten noch eine besondere Nuance hinzuzufügen ein an den Deckelkanten schon Gilb ansetzendes Matrikel hervor: Die Registratur der eingegangenen Artikel für die von Professor Dathe geleitete Zeitschrift "Beiträge zur Vogelkunde".

Vom ersten Beitrag, der am 25. Juni 1952 eingetragen wurde, bis zum Letzten am 30. Dezember 1990 in gestochener Handschrift, akribisch Auskunft gebend, über Eingang, Bearbeitung und Weitergabe. Dieses Buch gehört in den Nachlaß von Professor Dathe, um den sich bald nach der Wende mehrere Verlage bemühten. Inzwischen ist es still darum geworden. Nach den zeitweise beklemmenden Erfahrungen, die wir bei der Verbreitung der ersten Auflage dieses Taschenbuchs sammelten, deutet vieles darauf hin, daß vorerst an eine Herausgabe seiner Memoiren nicht zu denken ist. Sollten wir irren, wären wir glücklich.

Umfrage zur Person

Um dem Leser ein aus Meinungen seiner damaligen Umwelt zusammengetragenes Dathe-Porträt zu präsentieren, stellte ich 1991 dreien die gleiche Serie von Fragen, jeweils darauf verweisend, daß auch durchaus zulässig sei, seine Meinung nicht kundzutun. Die Reihenfolge der Antworter wurde nach dem Alphabet geordnet ...

Was imponierte Ihnen besonders an Prof. Dathe?

WOLFGANG GRUMMT: Sein unglaubliches Arbeitspensum, das weit über den Tierpark hinausging. Ich würde sagen, daß er im Jahr in seinen Fachzeitschriften rund 800 bis 1000 Druckseiten zu bearbeiten hatte. Er hat jedes Manuskript von der ersten bis zur letzten Zeile und dann auch noch die Korrekturen gelesen. Das war für mich faszinierend.

ROLF HEMPEL: Die Arbeitswut! Seine Ungeduld hat uns oft mitgerissen.

DIETER STOCK: Seine Leistungsbereitschaft.

Was gefiel Ihnen weniger?

WOLFGANG GRUMMT: Viel fällt mir da nicht ein. Höchstens, daß er manchmal nachtragend sein konnte. Das kann ich deshalb beurteilen, weil ich 35 Jahre mit ihm zusammen gearbeitet habe.

ROLF HEMPEL: Auch wieder seine Ungeduld! Er ließ in den oft komplizierten Situationen der Vergangenheit, die wir ja alle kennen, keine Entschuldigung gelten, obwohl es nie eine Ausrede war.

DIETER STOCK: Daß er gern über andere, aber weniger über sich lachte ...

War er pingelig oder großzügig?

WOLFGANG GRUMMT: Beides.

ROLF HEMPEL: Beides.

DIETER STOCK: Sowohl als auch. Bei bestimmten Dingen sehr großzügig, bei anderen war die Daumenschraube sehr eng.

War er eitel?

WOLFGANG GRUMMT: Das ist eine sehr schwere Frage. Normalerweise würde ich sagen "nein", aber andererseits, wenn man bedenkt die viele Öffentlichkeitsarbeit, Rundfunk, Fernsehen, Presse, ein wenig war da schon dabei ...

ROLF HEMPEL: ja und nein.
DIETER STOCK: ja.

Was konnte ihn in Wut versetzen?

WOLFGANG GRUMMT: Indolenz, Nachlässigkeit, Faulheit, Unkorrektheiten, die etwa einem anderen in die Schuhe geschoben wurden. Ganz sauer wurde er, wenn das zu Lasten eines Tieres oder des Parks ging,
DIETER STOCK: Unzuverlässigkeit.

Wie flippte er aus?

WOLFGANG GRUMMT: In früheren Jahren durch Theaterdonnerbrüllen, das durch die Wände drang.
ROLF HEMPEL: Ich habe mit ihm 35 Jahre zusammengearbeitet und habe ihn demzufolge auch erlebt, als er 35 Jahre jünger war. Eines muß festgestellt werden: So heftig eine Auseinandersetzung sein konnte, sie blieb sachlich.
DIETER STOCK: Er konnte laut werden, aber ich erinnere mich auch an Situationen, in denen er ganz still wurde, in einer Art, wie man ihn gar nicht kannte. Die Mundwinkel gingen nach unten und wer ihn kannte, wußte, was das bedeutete. Dann fraß er den Ärger in sich hinein.

War er geizig?

WOLFGANG GRUMMT: Nein, aber er hatte durch die schweren Jahre gelernt, das Geld zusammenzuhalten.
ROLF HEMPEL: Er war sparsam.
DIETER STOCK: Das weiß ich nicht.

Hatte er ein präzisen Tagesablauf'.

WOLFGANG GRUMMT: Straff und spontan zugleich. Wenn ihn jemand besuchte, mit dem er sich auf Anhieb gut verstand, konnte der Zeitplan völlig durcheinandergeraten.

ROLF HEMPEL: Das ist auch eine Frage des Lebensalters. In seinen dynamischen Jahren liebte er einen straffen Tagesablauf und konnte ungemütlich werden, wenn man zur täglichen Runde nicht pünktlich erschien. Das ließe sich mit der Visite in einem Krankenhaus vergleichen, wo ein Arzt auch nicht gerne auf seine Mitarbeiter wartet.

DIETER STOCK: Im Prinzip ja. Havarien oder unvorhergesehene Termine konnten ihn durcheinanderbringen. Dann kam es auch schon mal vor, daß er eine Runde warten ließ oder warten lassen mußte. Er war jedenfalls ein pünktlicher Mensch.

Wie las er Zeitungen?

WOLFGANG GRUMMT: Hinterher. Damit meine ich: morgens das Wichtigste und abends das andere.

DIETER STOCK: Aus meiner Sicht im Prinzip diagonal, Themen, die ihn interessierten, sehr gewissenhaft.

Las er auch andere Bücher neben Fachliteratur?

WOLFGANG GRUMMT: Ja, vor allem historische Romane.

ROLF HEMPEL: Ja, sehr viele. Ich weiß, daß er französische Literatur sehr schätzte und deren größter Kenner in unserem Betrieb war. Ich war oft dabei, wenn er darüber sprach.

DIETER STOCK: Ja, er war sehr musisch veranlagt, was er nicht nur durch Theater- oder Konzertbesuche demonstrierte, sondern auch durch lange Gespräche mit seinen Freunden bekundete. Das waren Wolfgang

E. Struck, der Intendant des Friedrichstadt-Palastes, Albert Hetterle, Intendant des Maxim-Gorki-Theaters.

Ließ er sich gern fotografieren?

ROLF HEMPEL: Nicht um seiner selbst willen, sondern wenn es um Neuzüchtungen, um neue Anlagen, wenn es darum ging, der Bevölkerung Berlins zu zeigen, daß es wieder etwas Neues im Tierpark gab.

DIETER STOCK: Wer tut das nicht?

Im "Lebenslauf" war schon von den Kindern die Rede, die inzwischen Erwachsene sind. Holger arbeitet seit Jahren als anerkannter Wissenschaftler im Institut für Wirbeltierforschung, Tochter Almut ist Ärztin, und Sohn Falk war als Assistent im Tierpark tätig und leitet heute die Schlangenfarm.

So betroffen sie von den Ereignissen sind, die ihren Vater in seinen letzten Wochen quälten, so sehr sind sie interessiert daran, daß das Bild des Professors Heinrich Dathe dadurch nicht verzerrt wird.

Sie verweisen darauf, daß er an einer schweren Krankheit litt, aber nach seinem ohnehin geplanten Rücktritt sicher noch einige schaffensreiche, ruhigere Jahre hätte erleben können, wenn ihn nicht die Aufregungen derart erschüttert hätten.

Holger Dathe über seinen Vater als Oberhaupt der Familie: "Er hat großen Wert gelegt auf familiäre Traditionen, wobei das ganze einen etwas patriarchalischen Anstrich bekommen könnte, was man in keiner Weise im abwertenden Sinne verstehen sollte. Es hat ja etwas durchaus Stabilisierendes."

Der "Weihnachtssänger"

In unserem Gespräch war viel von den Weihnachtsfeiern die Rede, die im Hause Dathe fast nach Ritual abliefen.

Holger: "Man konnte ihn mit nichts mehr verdrießen, als mit der Vereitelung einer Überraschung zu Weihnachten."

Falk: "Die Geschenke mußten geheim bleiben. Die Überraschung war ihm etwas Besonderes - wenn er nicht wußte, was man ihm schenken würde, wenn wir nicht wußten, was wir bekommen würden."

Holger: "Dabei kam es ihm nicht so sehr auf das Geschenk an, sondern auf die Überraschung. Ich glaube, es freute ihn nichts so sehr, wie jemand anderen zu überraschen."

Zum weihnachtlichen Interieur gehörten unbedingt erzgebirgische Schnitzfiguren. Dazu zählte neben einer Engelkapelle auch eine Arche Noah. Die traditionelle Krippe wurde weniger als anbetungswürdiges Objekt betrachtet denn eben als weihnachtliches Subjekt. So kam es auch schon mal vor, daß die Kinder die Figuren nach eigenen Vorstellungen plazierten.

Höhepunkte des Weihnachtsabends waren der Besuch in der Friedrichsfelder Kirche, wo Heinrich Dathe es als stimmgewaltiger Sänger mit der Pastorin aufnehmen konnte, und das vogtländische Traditionsessen "Neunerlei" am Abend, von der Mutter strikt nach altem Rezept zubereitet.

War Dathe ein gerechter Vater?

Holger: "Er konnte sehr impulsiv sein. Er vergaß nichts, aber er konnte vergeben. Das war einer seiner vogtländischen Sprüche: 'Vergessen kann ich's nicht, aber vergeben kann ich es.'"

Falk: "Wenn er sich belogen oder verraten fühlte, würde ich ihn sogar für nachtragend halten."

Heinrich Dathe führte eine gute Ehe.

Holger: "Das ist uns besonders bewußt geworden nach dem Tode unserer Mutter. Unsere Eltern waren ein in sich geschlossenes Paar. Dann kamen die Kinder. Sie gehörten dazu, aber sie standen etwas in der zweiten Reihe. Ich muß erklären, was ich damit meine: Es ist bei uns nicht vorstellbar gewesen, daß die Kinder untereinander mit dem Vater gegen die Mutter oder umgekehrt zusammengehalten hätten. Meine Eltern waren sehr aufeinander eingespielt und vor allem miteinander beschäftigt, und das ist ihm, glaube ich, gerade in dem Augenblick zugute gekommen, als die Kinder dann aus dem Hause waren. Meine Mutter, die, obwohl sie einen Beruf hatte, immer zu Hause war, versah den 'Innendienst', und das ergab in seiner Funktion eine sehr gute und wünschenswerte Beziehung. Der Vater stand dabei immer an erster Stelle."

Das ungewöhnliche Engagement des Vaters - Falk: "Sein Beruf war ihm Berufung und seine Berufung sein Beruf" fanden die Kinder keineswegs immer gut. Sie hätten auch gern die Wochenenden auf einem Grundstück verbracht, doch war das die Zeit, die Heinrich Dathe brauchte, um seine Zeitschriften zu redigieren.

Holger: "Auch da spielte meine Mutter eine wichtige Rolle, sie hielt ihm den Rücken frei, stand dabei nie im Vordergrund, es sei denn für die vielen Besucher, die er mit nach Hause brachte. Darunter waren - auch schon in den Zeiten stärkster Beschränkungen - viele Ausländer. So haben wir das erlebt und auf diese Weise von ihm gelernt, daß es nichts Günstigeres gibt, als viele internationale Kontakte zu pflegen. Daß das offiziell untersagt war, hat dem Land sicher sehr geschadet."

Ein Fazit der Unterhaltung mit den Söhnen könnte lauten: Kronzeugen für eine intakte Familie, die viel dazu beitrug, das von vielen so bestaunte Arbeitspensum von Heinrich Dathe zu ermöglichen.

Gisela Karau skizzierte in ihrem Porträt Dathes den Weg von der Tierparkeröffnung bis zum Tag jenes unseligen Kündigungsbriefes und erinnerte daran: "Auf bronzenen Tafeln wurde mitgeteilt, wer sich da alles verdient gemacht hatte, darunter viele gute Namen von Betrieben, die es schon nicht mehr gibt, weil sie ebenso von der Bildfläche verschwinden mußten, wie der Tierpark in seiner heutigen Gestalt als Erinnerung an einen anderen deutschen Staat verschwinden soll. Die

Zoodirektoren aller Länder und Kontinente, die Professor Dathe im Laufe seiner Amtsjahre bereiste, werden vermutlich erstaunt sein über diese Vorgänge im wiedervereinigten Berlin. Sie hatten große Hochachtung vor den Besonderheiten und Einmaligkeiten der Dathe'schen Schöpfung, und es dürfte auf die Liquidatoren zurückfallen, wenn sie herausragende wissenschaftliche Leistungen eliminieren und den Park in Friedrichsfelde zu einem bedeutungslosen Anhängsel des Westberliner Zoos degradieren."

Gisela Karau irrte nicht. Einer der berühmtesten Zoodirektoren in deutschen Landen nannte den "Umgang mit dem berühmten Mann" schlicht einen "Skandal, der ihn nur an die Atmosphäre zu Ende der Weimarer Republik erinnern könne". Er bezog diesen Vergleich auch auf die Tatsache, daß er es sich nicht leisten könne, offen seinen Namen zu nennen, "beschämt übrigens, denn Dathe hätte vermutlich anders gehandelt, wenn es um mich gegangen wäre..."

"Dathe bekam" - so erzählte er Gisela Karau - "waschkörbeweise Briefe und Unterschriftensammlungen. Skandalös! Skandalös! So hat eine Hausgemeinschaft aus der Mellenseestraße ihren von allen Mietern unterzeichneten Protestbrief überschrieben.

"'Ich schicke das alles an den Senat', sagt der Professor, 'vielleicht haben sie nicht erwartet, daß sie so viele Menschen auf den Plan rufen würden.'

Nein, das haben sie sicher nicht erwartet, weil vom Volk der ehemaligen DDR offenbar der Eindruck entstanden ist, um der lieben Einheit und der noch lieberen D-Mark willen ließe es sich alles gefallen und alles nehmen, was den neuen Herren nicht paßt, Fernseh- und Rundfunksender, Zeitungen wie die alte BZ am Abend, mit der Professor Dathe sich immer eng verbunden gefühlt hat, Kultur- und Sporteinrichtungen, den Asbestpalast und nun auch noch den Tierpark, dessen Insassen wahrhaftig keine Altlasten sind, derer man sich flugs entledigen muß. Und rot wie Dathes Hund

Asco sind die meisten auch nicht. Aber was ist eigentlich gegen Rothirsche, Rotfüchse, Rotkehlchen zu sagen?"

Dieser Artikel wurde - wie bereits erwähnt - im Dezember 1990 zu Papier gebracht. Die Empörung der Bürger der Mellenseestraße wird seitdem nicht geringer geworden sein, nur ihre persönlichen Sorgen vermutlich größer...

Gisela Karau führte jenes Gespräch im Arbeitszimmer des Direktors, in der Wohnung also, aus der er binnen weniger Tage verschwinden sollte: "Ich versuche mir vorzustellen, wie man mit achtzig Jahren einen solchen Umzug verkraften soll. Das Haus läßt an ein Museum denken. Zwei grüne Säulen, die das Arbeitszimmer attraktiv unterteilen, sind mit Papageien aus Mosaiksteinen verziert. Überall prächtig rankende Grünpflanzen, dazwischen Tierplastiken, an der Wand ein Bronzeabguß des legendären Gorillas Bobby aus dem Naturkundemuseum, viele der Tierarten, die im Park vertreten sind, finden sich in Keramik, Holz, Porzellan und Metall auf Möbeln, an Wänden, auf dem Fußboden wieder. Darunter sind Geschenke von in- und ausländischen Kollegen, Verehrern und Anhängern, die der Professor in Scharen besaß und nach wie vor besitzt, Zeugnisse von über dreißig Jahren Lebensleistung und Kultur. Es wäre eine Entwurzelung, sich hier herausreißen zu müssen.

Erinnerung an eine Rede

Der Professor schiebt den Gedanken weit von sich. Er zeigt mir mit einem bitteren Lächeln die Rede, die der Westberliner Zoodirektor zum achtzigsten Geburtstag des Ostberliner Kollegen im November gehalten hat. 'Seit 55 Jahren sind Sie, lieber Herr Kollege Dathe, aktiver Tiergärtner. Das ist ein Zeitraum, der sicherlich einmalig in der Geschichte der Zoologischen Gärten ist. 36 Jahre davon gehören dem Tierpark, den Sie seit

1954 als verantwortlicher Direktor leiten. Er ist Ihr Lebenswerk ... Wer mich kennt, der weiß, daß ich ein ehrgeiziger Mann bin, der für seinen Zoo immer nur das beste will, 24 Stunden am Tag, 365 Tage im Jahr. Und wenn ich Ihnen, Herr Kollege, an diesem Ehrentag bekenne, daß vieles im Tierpark Friedrichsfelde mich so begeistert, daß ich es mir auch zwischen Ku-damm und Landwehrkanal vorstellen könnte, dann werten Sie das bitte als Ausdruck höchsten Respekts.'

Als der Herr Kollege Dathe diese schöne Rede vernahm, hochgeehrt und mit Gaben überhäuft - noch jetzt liegen im Arbeitszimmer Berge von Geschenken, die wegzuräumen bisher keiner Zeit oder Lust hatte -, wußte er noch nicht, daß dieser Version einer Fusion, die so herzlich formuliert war, ganz konkrete Pläne folgen würden. Der Westberliner Kollege lobte den beneidenswerten Tierbestand: wer heute von Takin- und Moschusochsenzucht, von der Haltung von Weißlippen- und Schopfhirschen, von der erfolgreichen Zuchtgruppe der Vietnamsikas, den Greifvogel- und Eulenzuchten seltenster Art, von den größten Haltungserfahrungen der Saiga-Antilopen, von Halb- und Wildeselzucht, darunter der einzigen Kiangzuchtgruppe in Mitteleuropa, von Kolibrizucht und Giftnatternhaltung und vielem, vielem anderen spricht, der meint den Tierpark Berlin und damit seinen Direktor Heinrich Dathe.'

Der Redner zitierte sogar einen Witz des Direktors, den er im Rundfunk gehört hatte. Dathe beschrieb das Aussehen eines glatzköpfigen seltenen Ibisvogels so: 'Vorne nischt, und hinten bammelt was. Kurz, die Vögel sahen am Kopf aus wie ich.' Die Laudatio schloß mit den Worten, daß die beiden kleinen Paradiese, die Berlin in seinen Zoogärten besäße, noch lange Zeit weiterblühen mögen. Nur wenige Wochen später bekam der Jubilar seinen blauen Brief. Natürlich beabsichtigte er, in den Ruhestand zu treten, aber wollte gerade jetzt seine Mitarbeiter nicht ihrem Schicksal überlassen... "

In seiner Laudatio zum 80. Geburtstag Dathes am 7. November 1990 hatte Zoodirektor Prof. Dr. Klös auch noch einmal darauf verwiesen: Berlin verträgt nicht nur zwei Zoos, sondern es braucht zwei Zoos."

Am 14. Dezember meldete "Neues Deutschland": "Der meistbesuchten Kulturstätte der EX-DDR droht der Exitus. Auf einer erregten Versammlung der 450 Wissenschaftler, Tierpfleger und Techniker im Alfred-Brehm-Haus wurde am Donnerstag bekannt, daß allen Mitarbeitern - auch Prof. Dr. Dr. Heinrich Dathe - schon für Montag gekündigt worden ist. Mit Wirkung von morgen, Sonnabend, werden sie in die 'Warteschleife' geschickt. Die Tierparkmitarbeiter erhielten die Hiobsbotschaft von den beiden Innenverwaltungen der Berliner SPD-Landesregierung. Diese hatte noch am 26. Oktober - offensichtlich aus wahltaktischen Gründen - heilig versichert, daß sie für den Erhalt des Tierparks sorgen werde. Prof. Dathe hatte dies mit dem Hinweis begrüßt, das gebe Sicherheit, jetzt könne man wieder in Ruhe arbeiten. Vergeblich versuchte gestern ein Vertreter des Senats, die aufgebrachte Belegschaft zu beruhigen. Der Wortbruch wurde mit Hohngelächter quittiert."

Die "stillosen Vorgänge"

Hier ist eine Anmerkung vonnöten, die den Lebenslauf Heinrich Dathes komplettiert. Die Zeitung hatte zwei Doktorentitel aufgeführt. Zu Recht, denn dem Professor war 1970 die Ehrendoktorwürde der Veterinärmedizinischen Fakultät der Humboldt-Universität zu Berlin verliehen worden. Eine Anerkennung für seine enge Zusammenarbeit mit den Veterinärmedizinern, die auch Vorlesungen vor den Studenten einschloß.

Zurück ins Berlin des Dezember 1990: 24 Stunden später meldete die gleiche Zeitung: "Die Berliner Landesregierung hat sich mit den stillosen Vorgängen um den Tierpark und der würdelosen Kündigung Prof. Dathes mehr Ärger eingehandelt, als ihr lieb sein dürfte. Im Tierpark und in den Berliner Redaktionen liefen gestern die Telefone und Faxgeräte heiß. Einhelliger Tenor: ein Skandal!

Während die Finanzverwaltung im Roten Rathaus mit einer eiligen Erklärung zu beruhigen suchte, wurde das ND von Zeissplanetarium und Sternwarte Treptow informiert, daß auch den 63 Mitarbeitern dieser Einrichtungen faktisch gekündigt ist.

Prof. Dr. Siegfried Seifert, Leipzig, Vizepräsident des Internationalen Verbandes der Zoodirektoren, stellte sich voll hinter Prof. Dathe und richtete ein Protestschreiben an den Senat. Dem ND gegenüber erklärte Prof. Dr. Gunter Nogger, Zoodirektor von Köln: "Wir wissen, was unsere Kollegen drüben leisten. Die Forschungsarbeit in Berlin ist von übergreifender Bedeutung. Was die Person von Prof. Dathe betrifft, so habe ich überhaupt kein Verständnis dafür, daß man ihn auf diese schnöde Art und Weise von einem Tag auf den anderen vor die Tür setzt. Er hat diesen Tierpark aufgebaut und zu einem der größten und bedeutendsten Zoos der Welt gemacht."'

Die Dimension der Hektik jenes Tages illustriert das Blatt mit der Übersicht: "An einem einzigen Tag sagten drei SPD-Stadträte im Zusammenhang mit dem Tierpark nacheinander folgendes:

Frau Dr. Rusta (Kultur) wollte von Prof. Dathe verbindlich wissen, wann er denn nun endlich sein Direktorenamt aufgibt.

Stadtrat Fritzsche (Finanzen): Der im 81. Lebensjahr stehende ehemalige Direktor des Tierparks ist am 10. Dezember 1990 aus Altersgründen ausgeschieden.

Stadtrat Krüger (Inneres): Die Kündigung der Dienstwohnung von Prof. Dathe ist nicht nachvollziehbar. Angesichts seiner Verdienste ist die Verfahrensweise bei seiner Pensionierung ärgerlich und mehr als nur ein Formfehler. Der Mann hat einen würdigeren Abschied verdient, etwa in Form einer ehrenamtlichen Präsidentschaft."

Dathes Befürchtung: Kahlschlag!

Weitere 24 Stunden später meldete sich noch einmal Heinrich Dathe selbst zu Wort.

Im ND mit einem Interview, das auch Antwort auf die Frage gibt, warum gerade diese Zeitung hier mit Vorrang zitiert wird:

"Erste und wichtigste Frage: Wie geht es Ihnen?"

"Mäßig, sehr überanstrengt. Ich habe vorige Woche noch nichts gewußt."

"Wo sehen Sie die Gründe für diesen Frontalangriff?"

"Ich glaube, daß im Hintergrund Kräfte am Werk sind, die alles beseitigen wollen, was gut an der DDR war. Kahlschlag."

"Sie waren heute bei Kulturstadträtin Rusta. Was wollte sie?"

"Sie hatte mich zu sich bestellt und wollte verbindlich von mir wissen, wann ich aufhöre. Daß ich mich mit meinen 80 Jahren nicht an meinem Stuhl festhalte, ist klar. Aber ich werde so lange im Amt bleiben, bis der Tierpark und seine Mitarbeiter wieder in ruhigen Fahrwassern sind."

"Werden Sie kämpfen?"

"Aber ja. Mein Einzelvertrag sagt mir eine halbjährige Kündigungsfrist zu. Ich lasse mich nicht behandeln wie ein dummer Junge."

"Was werden Sie unternehmen?"

"Ich habe zwei sehr gute Rechtsanwälte mit der Wahrnehmung meiner Interessen beauftragt, wie auch die Belegschaft sich juristisch vertreten läßt. Kampflos geht das auf jeden Fall nicht ab. Bei der Gelegenheit einen Dank an Ihre Zeitung, die sich nach der Belegschaftsversammlung am entschiedensten für uns eingesetzt hat."

"Stimmt denn das Gerede, der Tierpark sei zu teuer?"

"Quatsch. Wir brauchen nicht mehr aus der Landeskasse als der Westberliner Zoo. Das haben mir die Herren Momper und Diepgen ausdrücklich bestätigt. Der

Tierpark bleibt! Im übrigen sind noch längst nicht alle unsere Möglichkeiten genutzt, selbst zur Finanzierung beizutragen."

"Wie geht es jetzt weiter?"

"Der Dienst ist gesichert, und wir haben keine Futternot. Die Mitarbeiter gehen vorerst in die übliche 'Warteschleife'"

Dieses Gespräch führte der Berliner Journalist Jochen General, den seit Jahren ein persönliches Verhältnis mit Heinrich Dathe verband. "Wir trafen uns oft im Urlaub in Ahrenshoop. Es war für ihn oft kein reines Vergnügen dort, denn er kam mittags kaum zum Essen, weil er ständig Autogramme schreiben mußte. Das nur nebenbei. Eines Morgens machte ich einen Spaziergang durch den Forst und beobachtete durch mein Glas eine Ricke mit zwei Kitzen. So etwas hatte ich noch nie gesehen. Mittags traf ich Dr. Dathe und fragte ihn danach. 'Völlig normal', antwortete er mir, die Natur stellt sich auf alles ein. Je weiter es nach Norden geht, desto häufiger sind solche Zwillingsgeburten. Durch die harte Witterung, den Schnee und auch Wölfe sind die Verluste größer als in unseren Breitengraden und dem trägt die Natur auf solche Weise Rechnung.' Sein Wissen war bewundernswert. Übrigens zu diesem letzten Gespräch, das ich mit ihm am 14. Dezember führte, muß ich noch eine Bemerkung machen. Wir saßen in der Couchecke seines riesigen Arbeitszimmers und unterhielten uns. Seine Stimmung muß ich nicht weiter beschreiben. Zwischendurch bemerkte er: 'Lassen Sie mich den Text bitte lesen, bevor er veröffentlicht wird. Man kann heute nicht vorsichtig genug sein, und es wäre unklug, etwa noch Öl ins Feuer zu gießen.' Das war eine durchaus normale Bitte, und ich tat das auch. Er ließ mir mitteilen, daß er auf den einen Satz gern verzichtet hätte, den mit dem Kahlschlag. Ich ging an den Computer und korrigierte das, aber der Computer lieferte den alten Text ins Blatt, was mir verständlicherweise sehr unangenehm war. Bei dem guten Verhältnis, das wir all die

Jahre hindurch hatten. Er hat sich aber nicht beschwert, möglicherweise hielt er es im nachhinein doch nicht für verkehrt. in diesem Gespräch fiel übrigens auch ein Wort, das mir ewig zu denken geben wird und dessen Hintergrund er als sein Geheimnis mit ins Grab genommen hat.

Er sagte nämlich mitten während des Gesprächs, in dem er verständlicherweise zuweilen sehr erregt war, zu mir: 'Wissen Sie, Herr General! Wir beide machen die vierte Revolution!' Dieses 'vierte' bewegt mich seitdem, ich hätte ihn fragen sollen, welches nach seiner Ansicht die drei anderen Revolutionen waren? In den Tagen bis zu seinem Tode soll er seine Wohnung kaum mehr verlassen haben. Nur wenige haben ihn noch im Tierpark gesehen. Für mich gibt es keine Frage: Man brach sein Herz, und daran starb er!"

Tausende Berliner strömten an jenem Januarmorgen nach Baumschulenweg, als dort die Trauerfeier stattfand. Sie drängten sich in der Halle des Friedhofs, auf dem Platz davor, auf den Wegen und der breiten Allee bis hin zum Eingang. Man darf mit Fug und Recht sagen: Berlin gab seinem Tierparkdirektor ein würdiges Geleit!

Im engen Familienkreis wurde er auf dem Friedhof in Karlshorst zur letzten Ruhe gebettet.

Die Empörung über die Weise, wie man mit Prof. Dathe umgegangen war, legte sich lange nicht. Journalisten, die ihn viele Jahre gekannt und geschätzt, die so manche Stunde mit ihm geplaudert - vor allem wohl ihm zugehört - hatten, forschten nach den Hintergründen jener herzlosen Attacken aus dem Rathaus. Sie erhielten Auskünfte von Menschen, die sie verzweifelt baten, ihren Namen nicht zu nennen, weil sie fürchten mußten, auf der nächsten Entlassungsliste zu stehen, und selbst schon Entlassene waren nicht bereit, zur Information auch ihren Namen preiszugeben, weil sie in einer Dienstwohnung des Tierparks leben. Das ist eine unbestreitbare Tatsache!

Einen der aufsehenerregendsten Beiträge nach Prof. Dathes Beisetzung publizierte die inzwischen auch längst von der Bildfläche verschwundene "Neue Berliner Illustrierte" zehn Tage nach dem Tode Dathes. An dem Morgen der Trauerfeier lag die Illustrierte an den Kiosken. Hier der nur geringfügig gekürzte Wortlaut des mit dem Namen "Boris Brock" unterschriebenen Artikels: "Der Tierpark war Heinrich Dathes Lebenswerk. Als der Direktor aus seinem Paradies vertrieben wurde, starb er. Auch nach Dathes Tod geben die Bürokraten im Rathaus, die ihn so schnöde vor die Tür setzten, keine Ruhe. Sie starteten eine Schmutzkampagne gegen den verdienten Tierparkgründer. Bei seinen Mitarbeitern war der 'Chef', wie sie ihn nannten, gefürchtet, geachtet, geliebt. Bis zuletzt entging seinen Augen nichts. Unrasierte Tierpfleger mochte er nicht, und wenn die Temperatur im Affenhaus auch nur einen halben Grad zu niedrig war, konnte er toben. Heinrich Dathe wird vermißt. Der Tierpfleger im Dickhäuterhaus sagt: 'Wir haben unseren Vater verloren.'

Ein Mann, bis zuletzt eng verbunden mit seinem Werk.

Ein erfülltes Leben, um das ihn viele beneidet haben, doch leider fehlt das Happy-End.

Die Tragödie im Leben des Professor Dathe begann am 7. Dezember. Da fand er in seiner Post einen Brief vom Stellvertreter der Stadträtin für Kultur. Dieser, ein Mann namens Richard Dahlheim, ließ ihm in enger Schreibmaschinenschrift mitteilen: Angesichts der jetzt rasch zu vollziehenden Überführung des Tierparks in eine neue Rechtsträgerschaft scheint uns unumgänglich, mit der Bewältigung der damit zusammenhängenden Probleme eine jüngere Persönlichkeit zu betrauen, um Ihnen zusätzliche Belastung zu ersparen. Sie werden daher am Montag, dem 10. Dezember, Ihre Amtsgeschäfte... übergeben. Leider müssen wir Sie auch anweisen, bis Ende des Monats Ihre Dienstwohnung zu räumen'.

Das fatale Telefongespräch

Also auch der berühmte Tierparkdirektor Dathe wird abgewickelt. Immerhin wird ihm eine ganze Woche gegeben, um seinen Schreibtisch zu räumen.

Und über Weihnachten kann der alte Mann ja dann seine vielen tausend Bücher in Kisten packen, damit die Dienstwohnung zum Ende des Monats auch pünktlich frei ist. Der Behördenmann Richard Dahlheim weiß, was sich gehört. Er wünscht Heinrich Dathe in dem Brief 'für sein weiteres Leben alles Gute' und dankt auch noch mal für die 'jahrzehntelange Arbeit, die von Kompetenz und Engagement geprägt war'.

Der Reporter möchte den Mann kennenlernen, der Direktor Dathe abgewickelt hat, den stellvertretenden Stadtrat Richard Dahlheim. Im Vorzimmer bittet ihn die Sekretärin, noch einen Augenblick zu warten. Ihr Chef telefoniert noch. Die Tür zum Nebenzimmer ist offen. Dahlheim spricht gerade mit dem Direktor des Westberliner Zoos, Heinz-Georg Klös. Es geht um Dathe. Beide Herren scheinen guter Dinge.

Dahlheim: 'Jetzt bin ich hier der Totengräber. Dabei war es doch ein Akt der Barmherzigkeit, den endlich in Ruhestand zu schicken'.

Lachen aus dem Nebenzimmer.

Dahlheim: 'Na, wir teilen uns die Last an seiner Leiche'.

Wieder Lachen. Pause.

Dahlheim: 'Übrigens kommt gleich dieser Reporter. Den müssen wir mal recherchieren lassen, was unser Freund Dathe während der Nazizeit gemacht hat. Ihren Namen lasse ich natürlich raus'.

Das Telefongespräch ist zu Ende. Freundlich bittet Dahlheim den Reporter zu sich ins Zimmer. Die Sekretärin serviert Kaffee. Dahlheim erzählt, daß er eigentlich aus Westberlin sei und dort früher große internationale Tagungen organisiert hat. Dann kommt er schnell zur Sache: 'Ich verstehe die ganze Aufregung nicht. Wir haben doch wirklich viel Pietät walten lassen mit Herrn Dathe. Das war doch nur die Bestätigung seines juristisch festgelegten Ruhestandes und kein Rausschmiß.'

Übrigens habe er es satt, sich als 'Mörder' abstempeln zu lassen, und es müsse doch auch mal gesagt werden, daß der Professor Dathe am Schluß 'total senil' gewesen sei. Gerade habe er mit Professor Klös vom Westberliner Zoo telefoniert -'wirklich ein exzellenter Fachmann'-, auch der hätte ihm dringend geraten, den Dathe endlich aus dem Rennen zu nehmen. Der Reporter erinnert sich an die Laudatio, die Klös seinem Kollegen Dathe zum 80. Geburtstag hielt. Da klang es noch anders. Das Pech sei eben, sagt Dahlheim, daß der Professor Dathe zum 'passend unpassenden Zeitpunkt verstorben' sei, und ihm grause jetzt schon davor, daß er jetzt bestimmt auch noch als 'Fachmann' gewürdigt werde, der 'uns allen fehlen wird'. Dabei habe er doch bei vielen, die ihn wirklich gekannt hätten, als 'Ceaucescu des Tierparkwesens' gegolten.

Und da sei noch etwas. Es gebe Informationen darüber, daß der werte Herr Dathe in der NSDAP gewesen sei. Darum solle sich der Reporter lieber mal kümmern. 'Ich lasse mich nicht länger von einem Mann durch die Gosse ziehen, der alles andere war als ein Märtyrer.'

In der SED war Heinrich Dathe jedenfalls nicht. In seinem Zoo durften weder politische Transparente hängen noch Fahnen wehen. Und auch dem Bürokraten Dahlheim wird es nicht gelingen, den Professor Dathe vom Sockel zu stoßen. Zu gut ist überall in Erinnerung, was er für seinen Zoo getan hat.

Zu seinem 80. Geburtstag versammelte sich noch einmal viel Prominenz, große Reden wurden auf den dienstältesten Zoodirektor der Welt gehalten, der Wissenschaftler Dathe wurde mit der Konrad-Lorenz-Medaille ausgezeichnet. Doch er ahnte schon, daß mit der großen Wende auch für ihn und seinen Zoo eine Wende gekommen war.

Noch einmal versuchte der alte Löwe einen letzten Kampf zu gewinnen, sagte mutig: 'Solange ich da bin, wird hier im Zoo niemand seinen Arbeitsplatz verlieren.'

Einen Monat später war er nicht mehr da, und viele seiner Leute verloren ihre Arbeitsplätze. In der neuen Welt konnte der 'Chef' sie nicht mehr schützen. Nachdem er seinen Abschied erhalten hatte, sah ihn niemand mehr in seinem Tierpark. Er vergrub sich in seinem Haus und starb dort Anfang Januar. Seine Freunde und Mitarbeiter sagten, er starb an gebrochenem Herzen - eben zu Tode abgewickelt.

Nur der Ordnung halber sei erwähnt, daß Prof. Dathe die Konrad-Lorenz-Medaille vom Wiener Volksbildungswerk auf seiner Jahrestagung in Lindabrunn für seine Verdienste um das Zoowesen verliehen worden war - als erstem!"

Dieser mutige Artikel in der NBI sollte sich als folgenreich erweisen...

Die "Berliner Zeitung" publizierte am Tag vor der Trauerfeier - in gewisser Weise als Vorabdruck aus der "NBI" - einen Kommentar mit dem Titel "Der Superlativ von 'herzlos'". Darin wurden die wichtigsten Zitate aus der "NBI" wiedergegeben. Die Berliner lasen ihn am 16. Januar. Am 11. März erschien an gleicher Stelle eine Gegendarstellung des Herrn Dahlheim, datiert vom 21. Februar 1991.

Unklar bleibt, wieso Dahlheim länger als einen Monat für deren Formulierung benötigte. Fragen in dieser Richtung wurden so unterschiedlich beantwortet, daß sie für jemanden, der sich bemüht, den Hintergrund der Affäre aufzuhellen, nicht ins Gewicht fallen. Es sind schließlich keine eidesstattlichen Erklärungen...

Zu erwähnen wäre in diesem Zusammenhang, daß Dahlheims Erwiderung in Hamburg zum Beispiel gar nicht gedruckt worden wäre, weil das hanseatische Pressegesetz die Zeitung nur dann zum Abdruck einer Gegendarstellung zwingt, wenn davon ausgegangen werden kann, daß der Leser sich noch des umstrittenen

Beitrags erinnern kann. Das aber wäre in diesem Fall kaum anzunehmen.

Das waren die "Feststellungen" Dahlheims:

"1. Weder der Magistrat noch ich persönlich sind 'Abwickler' von Herrn Professor Dr. Heinrich Dathe, sein altersbedingter Ruhestand war im Einigungsvertrag festgeschrieben, der Magistrat hat sogar eigenmächtig die Amtszeit von Herrn Prof. Dathe über den 3. Oktober hinaus verlängert bis Dezember 1990, worüber Herr Prof. Dathe seit Monaten informiert war.

2. Zu keinem Zeitpunkt habe ich Prof. Dr. Dathe, dessen Verdienste vom Magistrat nachweislich immer gewürdigt wurden, 'höhnisch hinterhergeredet'.

3. Die aus dem Telefongespräch mit Prof. Klös zitierten Sätze sind frei erfunden. Gesagt habe ich: 'Jetzt werde ich in etlichen Medien als Totengräber dargestellt'.

4. Niemals habe ich Herrn Prof. Dr. Dathe als 'total senil' bezeichnet.

5. Der 'Berliner Zeitung' liegt der Leserbrief eines Tierarztes (unveröffentlicht) vom 16. Dezember 1990 vor, in dem das Elefantenhaus im Tierpark als 'Ceaucescu-Bau' bezeichnet wird.

6. Ich habe häufig meine Betroffenheit über den Tod von Prof. Dr. Dathe geäußert und in diesem Zusammenhang die Sorge geäußert, daß der Zeitpunkt seines Todes skrupellos politisch ausgeschlachtet werden könne."

"Pressefreiheit" in zwei Varianten

Als das Buch "Glanz und Elend des Prof. Dathe" - erste Auflage des jetzt hier vorliegenden Textes - erschien, wurde auch gegen den Autor der Vorwurf erhoben, den Tod politisch "mißbrauchen" zu wollen. Ein kurios zu nennender Vorwurf. Denn: Zu einer Zeit, in der gegen renommierte Ärzte der Charité in Schlagzeilen die wildesten und absurdesten Vorwürfe erhoben wurden - als sie sich als billige Lügen erwiesen, begnügte man sich mit Drei-Zeilen-Meldungen - wurde Dathe auf eine Weise behandelt, die niemand menschlich nennen würde. Wer darüber schreibt, "politisiert", wer ehrbaren Professoren den Ruf stiehlt, handelt im "Interesse der Öffentlichkeit", die ein "Recht" darauf hat, informiert zu werden. Und anschließend mußten Wissenschaftler mit ähnlich weltweitem Ansehen wie Dathe vor Arbeitsgerichten klagen und ihre Unschuld nachweisen. In einer solchen Atmosphäre, die auch im Jahre 1994 noch die Szene beherrscht, will man Vorwürfe gegen Publizisten erheben, die die Wahrheit um das Ende des Prof. Dathe aufdecken? Derlei Praxis pflegte man schon mal in dieser Gegend - und gräbt heute jedes Blatt aus, das dies belegen könnte! Schon deshalb hatten wir keine Hemmungen, unser erstes Taschenbuch erscheinen und nach dessen Erfolg nun die zweite Auflage folgen zu lassen. Diese Formulierung soll nicht mißdeutet werden: Es ist nicht die Hoffnung auf merkantilen Gewinn, der uns dazu bewog, sondern die jüngsten Ereignisse um den Tierpark!

Von Herrn Dahlheim weiß kaum mehr jemand, wo er nun tätig ist. Seine Gegendarstellung war zu fade, als daß sie jemand hätte ernst nehmen können. Eine einzige Frage genügt, um das zu belegen: Wo lag ein moralisch und menschlich auch nur halbwegs vertretbares Motiv, dem greisen Tierparkdirektor die Dienstwohnung zu diesem Zeitpunkt zu kündigen? Und sollte - wie in solchen Situationen üblich - die Behauptung aufgestellt werden, daß dies unentschuldbares Handeln eines Subalternen war, dann wäre noch die Frage anzufügen, was den Regierenden Bürgermeister daran hätte hindern können, mit einem Blumenstrauß nach Friedrichsfelde zu fahren, sich zu entschuldigen und die Sache wenigstens nach außen ins reine zu bringen?

Niemand hatte oder hat eine Antwort darauf bei der Hand. Deshalb bleibt es dabei: Der Umgang der "Neu-Regierenden" mit Prof. Dathe war unmenschlich! Und dieser Vorwurf ist umso schwerer, weil man gegen ihn nicht einmal den sonst überall als Vorwand benutzten Vorwurf der "Staatsnähe" ins Feld führen konnte. Er habe Honecker die Hand geschüttelt? Und Herr Kohl?

Der Schriftsteller Walter Flegel widmete Heinrich Dathe in der "Märkischen Allgemeinen Zeitung" einen bewegenden Nachruf: "Sterben gehört zum Leben, und es ist trotzdem stets mit Trauer verbunden. Erschütterung aber nimmt einem den Atem, wenn einer unter Bedingungen stirbt, die er nicht verdient hat, wie Heinrich Dathe. Wer im Osten Deutschlands kannte ihn nicht! Wie viele Millionen Menschen mochten und liebten ihn, den sächselnden Berliner, der Heiterkeit verbreitete, der uns die Tierwelt ins Land holte, der uns klüger machte, der jährlich Millionen kleinen und erwachsenen Besuchern aktive, bildende Erholung bot und abenteuerliche Träume ermöglichte.

Heinrich Dathe liebte die Tiere, weil er die Menschen liebte. Viele Male bin ich ihm begegnet. In jeder nach seinen Ideen gestalteten Anlage, in jedem neugeborenen oder erworbenen Tier, in jedem gepflanzten Baum.

Heinrich Dathe hinterläßt viel. In vielen Besuchern des Tierparks eine menschliche Tierbeziehung, die soziales Grundverhalten förderte. Ist sein Tod vielleicht der Anfang vom Sterben des Tierparks?

Die Tiere dankten ihm seine Mühe, die er sich um jedes einzelne von ihnen machte, auf ihre Weise. Nun erfährt man im Zusammenhang mit seinem Tode von Menschen, die zu Achtung und Dank nicht fähig sind. Heinrich Dathe hat an einem der schmerzlichsten Verluste des vergangenen Jahres gelitten bis in die letzten Lebensaugenblicke: dem Verlust von Schamgefühl, wodurch die Würde des Menschen zersetzt wird. Heinrich Dathes Leben war reich. Er hat Leben erhalten und Natur. Er hat Zuneigung erfahren aus dem Land und allen Himmelsrichtungen der Erde.

Wie arm muten einem dagegen jene an, die 'tödliche' Amtsschreiben verschicken. Heinrich Dathe verdient es nicht, daß sie mit seinem Namen in einem Satz genannt werden.

Der Tod dieses Menschen ergreift mich und macht mich gleichzeitig zornig. Ich weiß, daß für Heinrich Dathe Zorn eine fast gänzlich unbekannte Gefühlsregung war. Er war ein Mann von ausgeprägter Geistes- und Seelenkultur, tolerant und zur Vergebung fähig.

Die Umstände seines Todes erlauben den Gedanken, daß man solche Eigenschaften im intensiven Umgang mit Tieren eher verlangt. 'Wickler' ist ein Begriff aus der Tierwelt. Durch das Beisetzen einer Vorsilbe erhält dieses Wort für Menschen einen besonderen Sinngehalt oder sollte ich besser Unsinngehalt sagen: Abwickler! In der deutschen Sprache gibt es seit je Sinn-Wandlungen. Ich bin sicher, daß dieses Wort bald zu einem Schimpfwort wird.

Von Tieren verlangt niemand, daß sie sich wie Menschen benehmen. Menschen dürfen sich die Umkehrung erlauben.

Ich habe einen Freund verloren. Der Tierpark und seine Tiere haben mehr verloren. Wir alle sind um einen guten Menschen ärmer geworden. Behalten wir ihn in Erinnerung! Nehmen wir den Namen 'Dathe-Park' auf! Ich schlage vor, ich fordere, den Tierpark Friedrichsfelde für immer an den Namen Dathe zu binden."

Diese Forderung Walter Flegels erschien damals logisch, begründet und ehrenhaft. Ihn aufzugreifen hätte dem Senat und den Regierenden die Chance geboten, das unselige, mit dem Tode endende "Abwickeln" Dathes wenigstens zu kaschieren.

Aber die Okkupanten fürchten den Namen Dathe. Das mag übertrieben klingen, ich komme darauf noch zurück...

Man konnte nicht erwarten, daß die Kollegen Dathes in den alten Bundesländern harte Worte der Kritik formulieren würden, aber dennoch gab es verblüffend deutliche Worte.

Vernichtendes Urteil aus Hannover

Stellvertretend für viele Äußerungen soll hier der Artikel wiedergegeben werden, den der Direktor des Zoos Hannover, Prof. Dr. Lothar Dittrich, in der Zeitschrift "Der Zoofreund" schrieb: "Am Jubiläumstag unseres Zoos im Mai 1990 hielt er noch den Festvortrag und gab eine Kostprobe seines weltumspannenden Überblicks über die Haltung von Bären in Zoologischen Gärten, temperamentvoll, witzig, in freier Rede. Prof. Dr. Dr. h. c. Heinrich Dathe, der Senior unter den aktiven Zoodirektoren. Am 7. November 1990 wurde er 80 Jahre alt, in Berlin von vielen ob seiner Verdienste um den Aufbau des Berliner Tierparks gelobt und geehrt. Acht Wochen später, am 6. Januar 1991, schloß er die Augen, zum Kummer seiner Freunde ein gebrochener Mann. Heinrich Dathe trat nach dem Studium der Zoologie und verwandter Fächer an der Universität Leipzig 1935 in die Dienste des Leipziger Zoos, war dort Assistent und ab 1949 fünf Jahre lang stellvertretender Direktor, nach fast zehnjähriger Unterbrechung, in der er während des zweiten Weltkrieges Soldat, dann Kriegsgefangener gewesen war und auf seine Wiedereinstellung hatte warten müssen. Über sein ursprüngliches Spezialgebiet, die Vogelkunde, hinaus entwickelte er sich schnell zu einem kenntnisreichen Tiergartenbiologen mit der Bestimmung, einmal die Direktion des Leipziger Zoos zu übernehmen. Nachdem im Sommer 1954 die DDR-Regierung beschlossen hatte, einen Tierpark zu bauen, wurde ihm die Leitung übertragen. Trotz wohlwollender Förderung des Aufbaues dieses Tierparks durch den Ostberliner Magistrat erforderte die Bewältigung der Aufgabe unter den systembedingten wirtschaftlichen Schwierigkeiten, dem permanenten Mangel an Baumaterialien oder Facharbeitern einen außergewöhnlichen Einsatz. Prof. Dathe gelang eine Meisterleistung auf der Grundlage profunder Kenntnisse der Tierhaltung, begabt mit einem Menschen gewinnenden, für seine Ideen zu begeisternden Naturen, aber auch mit der nötigen Härte und dem Durchsetzungsvermögen. Der Berliner Tierpark fand internationale Anerkennung, und sein Direktor gehörte zu den wenigen deutschen Tiergärtner-Persönlichkeiten, die weltweit beachtet wurden und eine Rolle spielten.

Seine nahezu unermüdliche Arbeitskraft, die ihm bis ins hohe Alter erhalten blieb, erlaubte ihm, neben der nerven- und kräftezehrenden Arbeit im Tierpark noch Herausgeber mehrerer wissenschaftlicher Zeitschriften zu sein, jahrzehntelang regelmäßig eine Fernseh- und eine Rundfunksendung zu bestreiten, viele Vorträge zu halten und bei all dem noch seinen sprudelnden Humor zu behalten und unzähligen Kollegen, die seinen Tierpark aus allen Teilen der Weit besuchten, ein anregender Gastgeber zu sein. Offenheit, Ehrlichkeit, die Fähigkeit zur Freundschaft zeichneten ihn aus, nicht von einem verbissenen Ehrgeiz gequält zu sein, aber auch streng, hartnäckig im Durchsetzen des von ihm als richtig erkannten Weges zum Ziel, dabei die zentralistischen Tendenzen des DDR-Staates ausnutzend, den Ostberliner Tierpark zur zentralen Institution für alle Zoos in der DDR werden zu lassen, durchaus aber auch die Interessen der anderen Zoos in Ostdeutschland verfolgend.

Noch zum 80. Geburtstag im November 1990 im Vollbesitz seiner Kräfte, brachte ihn eine menschenverachtende Behandlung, ab Mitte Dezember, ins Grab. Obwohl vertraglich auf Lebenszeit an den Tierpark gebunden, schickte man ihm am 10. Dezember mit dem Hinweis auf sein Alter und auf die entsprechenden Bestimmungen des deutschen Einigungsvertrages eine auf den Vollzug innerhalb von vier Tagen lautende Kündigung. Man verwehrte ihm damit, das noch zu regeln, wofür allein er sich noch für den Tierpark in der Pflicht stehend wähnte: den Übergang in eine neue Ära so zu gestalten, daß die eigenständige Entwicklung des Tierparks gesichert blieb und die notwendigen personellen Einschnitte für die große Zahl der Mitarbeiter nicht schmerzhafter ausfielen als nötig.

Prof. Dathe hatte trotz gegenteiliger Bekundungen offizieller Vertreter Berlins begründete Befürchtungen, daß in Berlin Pläne geschmiedet wurden, im Zuge der Vereinigung der Stadt die Bedeutung des Tierparks aus Gründen der Kosten und der Stadtpolitik herunterzufahren, 'abzuwickeln', wie es in einer häßlichen technokratischen Sprache heißt. Solchen Absichten stand der aufrechte Mann zweifellos im Wege. Und nun gelang es einer skrupellosen Verwaltung, den alten Mann durch kaltschnäuzige Schreiben, durch anmaßende Stellungnahmen, durch Indiskretionen und Gerüchte so unter psychischen Druck zu setzen, daß seine Physis versagte.

Einige westdeutsche Kollegen, darunter auch ich, versuchten noch, durch eine Eingabe die Berliner Verwaltung zu einem verständnisvollen Dialog mit dem altgewordenen Tierparkgründer zu bewegen. Niemand freilich kam in sein Haus, in das er sich nach seinem Hinauswurf aus dem Tierpark zurückgezogen hatte, um ihm zu versichern, man werde sich in Berlin für die Erhaltung seiner Tierparkvision einsetzen. Der Aufregung über das von ihm als ungewiß empfundene Schicksal des Parks war der alte Mann nicht mehr gewachsen. Am 6. Januar 1991 schloß er die Augen. Nicht genug damit, ihn am Ende seines Lebens tief verletzt zu haben, trug die Berliner Verwaltung dazu bei, ihn noch nach seinem Tode in den Medien mit angedeuteten Halbwahrheiten und Verdächtigungen über seine Rolle in der ostdeutschen Kulturpolitik ins Zwielicht zu rücken. Vielleicht kann man in Berlin nicht akzeptieren, daß auch hinter der Mauer ein besonders begnadeter Mann eine Leistung vollbringen konnte, die weltweit Beachtung fand.

Für die vielen Freunde des großen alten Mannes der deutschen Tiergartenbiologie wie für die Berliner, die zu Tausenden an seiner Trauerfeier teilnahmen, war das ein trauriges, Kummer bereitendes, unverdientes Ende eines Lebens, das den Menschen gewidmet war, die Freude an Tieren haben."

Heinrich Dathe hatte viele Jahre in Leipzig verbracht, in der Stadt aus der die Losung kam: "Wir sind das Volk!" Die Frage bleibt: Wollte "das Volk" derlei, als es sich gegen die desolate Führung seines Staates wandte?

Das Volk hatte mit seinen Händen auch diesen Tierpark geschaffen - damit sogar eine Forderung der Väter verwirklicht -, und Heinrich Dathe hatte ihn besser und klüger geführt, als vieles in diesem Staat verwaltet worden war. Deshalb - und weil er mit seinen Leistungen das Ansehen der DDR befördert hatte -, wurde er davongejagt wie zuvor erst ein deutscher Zoodirektor in der Geschichte. (Diesen Fall zu nennen, erschiene unpassend, weil er in eine Zeit fällt, die man mit keiner anderen vergleichen kann.)

200 Tage nachdem man ihn in Karlshorst zur letzten Ruhe gebettet hatte, machte ich mich noch einmal auf den Weg nach Friedrichsfelde. Aufgescheucht durch den in Der "Märkischen Allgemeinen Zeitung' publizierten Leserbrief einer Familie Fischmann aus Potsdam: "Mit unseren Kindern waren wir heute zu einem Tierparkbummel in Friedrichsfelde. Für uns war es immer ein beliebtes Ausflugsziel, auch als wir noch Kinder waren. Doch diesmal stimmte es uns etwas traurig... Für alles mögliche ist Geld da. Der Tierpark aber scheint größere Nöte zu haben und braucht sicher dringend Hilfe. Er ist eine sehr schöne Anlage für Erholungsuchende und sollte in bester Erinnerung bleiben."

Die Fischmanns hatten - nach dem Datum der Veröffentlichung zu urteilen - einen Tag gewählt, da man in Berlin noch mit einem 2-Groschen-Fahrschein zum Tierpark fahren konnte. Man mag das heute kaum für Vergangenheit halten, die Lichtjahre zurückliegt...

Die Eingangsfront des Tierparks schien auf den ersten Blick unverändert. Oder? Man sah ihnen spätestens auf den zweiten Blick an, daß der Professor schon lange nicht mehr hier vorübergekommen war. Ein Schaufenster offerierte Sondermarken: "Deutsches Turnfest 1987", "100 Jahre Kieler Woche", auch "1. Juli 1990 Währungsunion" oder "200 Jahre Brandenburger Tor" und "75 Jahre Zoo-Aquarium Berlin 1988".

Daneben eine handfeste Schraube, an der Zettel zur Selbstbedienung hingen: "Fahrschule, Telefon 5 50 44 49 ... kurzfristige und kundenfreundliche Termine..."

Und der Tierpark? Eine einzige neue Postkarte. Wohl nur gedruckt, um den neuen Namen in die Welt zu tragen: Aus dem "Tierpark Berlin" wurde der "Tierpark Berlin-Friedrichsfelde". Warum wohl? Alle Befragten zucken die Schultern. Wurde der Zoo im Rahmen der Aktion auch umbenannt: "Zoologischer Garten Berlin-Charlottenburg"? Die Antwort lautet "Nein" und damit ist klar, daß die Umbenenner aus dem "Fall Dathe" nicht den geringsten Schluß gezogen hatten. Sie schwangen weiter die Schwerter wie die Kreuzritter. Und wenn es nur darum ging, einen Namen zu zerhacken!

Nicht einmal die Frage kann beantwortet werden, wer den neuen Namen mit welcher Absicht verfügt hat.

Oder ist das die Antwort: In einem Schaufenster hängt ein Briefbogen "Tierpark Berlin-Friedrichsfelde GmbH" - hat sie hier schon das alleinige Sagen?

Wer der Vorsitzende des Aufsichtsrates ist? Herr Prof. Klös, in Pension gegangener Direktor vom Charlottenburger Zoo! Der Geschäftsführer der Gesellschaft heißt Dr. Bernhard Blaszkiewitz. Er ist der Nachfolger von Professor Dathe, erfolgreich bei einer Ausschreibung, mit der die Persönlichkeit gesucht wurde, die das Erbe des unvergeßlichen Direktors antreten sollte. Einzureichen war die Bewerbung beim Aufsichtsratsvorsitzenden Klös in Westberlin. Dr. Blaszkiewitz, über den man viel Lobendes im Tierpark hört, arbeitete im Zoo am Bahnhof Zoologischer Garten. Das kann man einen Zufall nennen, kann es aber auch lassen...

Man schreibt den Juni 1991.

III.

Offene Sektflaschen werden an mir vorübergetragen, die Feier am ersten Märzfreitag 1994 im Wintergarten des Terrariums strebt ihrem Höhepunkt zu - ein Kunstwerk soll enthüllt werden. Die Stimmung erinnert an alte Zeiten und an die Worte Dathes aus dem Jahre 1955: "Auch die Zahl der Kunstgegenstände, der Bronzen und steinernen Standbilder wird Zug um Zug ergänzt. An Ideen fehlt es nicht - auch nicht an tatkräftiger Mithilfe."

Die Plastik, die sich noch unter einem weißen Tuch verbirgt, aber ist weder Mittelpunkt einer Ausstellung noch eine wertvolle Neuanschaffung für die umfangreiche Kunstwerke-Sammlung des Tierparks, sondern eine Keramik, die eine Epoche symbolisiert, nicht Meilen- sondern Merkstein des Kampfes um dieses Juwel Berlins, um das Erbe Prof. Dathes. Dieser Kampf wurde seit dem Tode des Direktors meist hinter den städtischen Kulissen, aber erbittert und von beiden Seiten verbissen geführt. Niemand wagte hier die stupide Leier von der maroden DDR-Wertlosigkeit zu schlagen. Da war noch immer der Weltruf davor. Der Sport, eine andere Domäne, die den Siegern von heute gestern viele demütigende Niederlagen beschert, wurde mit Stasi- und Dopinglegenden in Zwielicht und Mißkredit gebracht, aber der Tierpark war in jeder Hinsicht fast unantastbar. Auf das Wörtchen "fast" soll aus Gründen der Sachlichkeit nicht verzichtet werden. Einige Gehege wiesen Mängel auf, um die jeder wußte und die auf den Listen der Pläne standen, aber dann doch nicht mehr in Angriff genommen werden konnten.

Deshalb mußten die Gorillas in den Zoo umziehen, was logischerweise die Anziehungskraft Friedrichsfeldes minderte - ein Zoo ohne Affen ähnelt einem Zirkus ohne Clowns. Die noch immer Eifrigen und von Dathes Intentionen nach wie vor Beseelten bemühten sich, die Mängel wettzumachen, zumal sie den immer wieder öffentlich bekundeten Versicherungen, Zoo und Tierpark würden vom Senat in gleicher Weise geachtet und gefördert, Glauben schenkten. Das währte gut zwei Jahre bis eine Verlautbarung der Aufsichtsräte der Zoo AG und der Tierpark GmbH verheerend wie eine Schrecken verbreitende Bombe einschlug. Als Nebeltarnung - Anleihen bei Treuhandverlautbarungen in ähnlichen Situationen waren unübersehbar - formulierte man die für den Laien kaum mehr nachvollziehbare Begründung, es handele sich um eine "Optimierung der aufeinander abgestellten Programme beider Tiergärten." Um sie zu erreichen, wären "personelle Synergieeffekte und zugleich Sparbeiträge" vonnöten. Deshalb würden "Aquarium und Schlangenfarm im Zoo-Aquarium konzentriert." Klartext: Die Schlangen und anderen Bewohner der Schlangenfarm sollten in den Zoo umgesiedelt werden.

Beschluß der Aufsichtsräte! Und die allein haben jetzt das Sagen!

Die Operation ging davon aus, daß die von den vielen Abwicklungen schon ermüdete Bevölkerung kaum mehr Widerstand leisten und die bei Dathes Tod noch energisch protestierenden Kollegen des ehemaligen Direktors davon kaum etwas erfahren würden.

Aber die Reaktion scheuchte den Senat auf, als wäre die Bombe in seinem Dachgebälk eingeschlagen. Bürgermeister Diepgen sah sich mit Ärger konfrontiert. Eben hatte er das Desaster der Olympiabewerbung mühsam überstanden. Übrigens: Gegen solche Bewerbung wäre nichts einzuwenden gewesen, wenn Berlin die Golddukaten nur aus der Spree zu fischen brauchte, aber die Kassen waren leer und man gab sich dennoch so reich wie ein "Vetter aus Dingsda".

Nun der "Sparbeitrag" für den Tierpark. Eine neue Schlangenfarm - so der Senat - würde 800000 DM kosten. Allein der Antrag, das olympische Zweiwochen-Spektakel in Berlin zu veranstalten, hatte eingestandenermaßen 68 Millionen DM gekostet, tatsächlich aber wohl 200 Millionen. Das wären 250 Schlangenfarmen gewesen! Oder 200 Luxusfarmen: die Schwarze Mamba hätte einen halben Hektar Sahara für sich gehabt, die Rote Kobra in mosambikanischer Erde ihre Beute suchen können. Wer das eine demagogische Rechnung nennen wollte, sollte noch einmal die Verkündigung der Aufsichtsräte nachlesen, um zu erfahren, was Demagogie ist.

Tierparkdirektor Blaszkiewitz wurde - so hieß es - von der Entscheidung der Aufsichtsräte überrascht. Es fällt schwer, von dieser Information nicht auch überrascht zu sein, dieweil er doch Geschäftsführer des Aufsichtsrates der Tierpark-GmbH ist. Sind wir fair und glauben ihm. Dann erhebt sich jedoch die Frage: Wo blieb sein Protest? Wo ein Auftritt im Frühstücksfernsehen oder in den Abendschauen, nachdrücklich die Empörung des Tierparkdirektors artikulierend?

Der Protest des Betriebsrates

Um mich verständlich zu machen: etwa so, wie es der Betriebsrat tat, dessen rührige Vorsitzende Ursula Rahn mit dem Widerstand keine Sekunde zauderte. Hier der Wortlaut der Protesterklärung: "Am 16. 9. 1993 wurde bekanntgegeben, daß die Aufsichtsräte des Tierpark Berlin-Friedrichsfelde und des Zoologischen Gartens Berlin beschlossen haben, in Kürze das Schlangenhaus und die Aquarien zu schließen und den Tierbestand in das Zoo-Aquarium auszulagern. Gründe für die 'Abwicklung' wurden von Seiten der Aufsichtsräte nicht genannt.

Wir protestieren gegen diese Willkürmaßnahme, da gerade das Schlangenhaus über einen umfangreichen und seltenen Tierbestand verfügt und zahlreiche, teilweise selten in Menschenobhut nachgezogene Reptilienarten vorweisen kann. So schlüpften in diesem Jahr u.a. 45 Giftschlangen, 32 Riesenschlangen, über 100 Schildkröten, über 65 Geckos und diverse ungiftige Schlangen. Weitere Nachzuchterfolge sind noch zu erwarten.

Das verdeutlicht, daß die Schlangenfarm im Tierpark in vielerlei Hinsicht ihre Existenzberechtigung hat. Das muß auch so bleiben.

Mit dieser Auslagerung geht dem Tierpark ein Viertel seines attraktiven Tierbestandes verloren. Nach unserem Fachverstand können die Tiere im Aquarium des Zoos nicht ohne kostenaufwendige Umbaumaßnahmen im Schaubereich der Öffentlichkeit zugänglich gemacht werden. Aus diesen Gründen kann wohl von einer Einsparung nicht die Rede sein! Das geplante Vorhaben läuft auf eine Liquidierung des Reptilienbestandes hinaus, wodurch Berlin eine Attraktion verlorenginge, die in weitem Umfeld einmalig ist.

Das ist der Anfang! Welche Tiere sind als nächste dran?

Das ist nach unserer Meinung für Berlin und den Tierpark nicht zu vertreten!

Betriebsrat

Tierpark Berlin-Friedrichsfelde GmbH"

Man muß noch einmal zu der Feststellung zurückkehren, Dr. Blaszkiewitz sei von der Entscheidung überrascht worden. Die Schließung der Schlangenfarm war am 15. oder 19. September beschlossen worden - das exakte Datum läßt sich schwer ermitteln, zumal die Aufsichtsräte darauf verzichteten, im Anschluß an ihre Sitzung die Medien zu informieren - und in einem mit dem Datum des 20. September versehenen Schreiben - Unterschrift "Dr.B.Blaszkiewitz" - wird dem Vorsitzenden des Hauptausschusses des Abgeordnetenhauses von Berlin, Klaus Franke, der "Generalentwicklungsplan des Tierparks Berlin-Friedrichsfelde" zugestellt, der als

Punkt 40 die notwendigen Arbeiten an der Schlangenfarm auflistet und Kosten in Höhe von 450000 DM bis 1995 nennt. Es fällt schwer nachzuvollziehen, daß der Geschäftsführer der Tierpark GmbH einen Brief ans Parlament schickt, der Pläne für die Schlangenfarm enthält, deren Schließung mindestens 24 Stunden zuvor beschlossen wurde. Für Gutgläubige könnte es als Hinweis darauf gelten, daß man Blaszkiewitz arglistig zu täuschen versuchte, nur würden Mißtrauische fragen, was sich der Aufsichtsrat einer GmbH davon verspricht, seinen Geschäftsführer von einer wichtigen Entscheidung nicht in Kenntnis zu setzen und noch Mißtrauischere könnten ihre Verwunderung darüber zum Ausdruck bringen, warum ein so hintergangener Geschäftsführer nicht augenblicklich zurücktritt?

Die Herren "Aufsichtsräte"

Neugierige werden fragen, wer denn eigentlich die Mitglieder des Aufsichtsrates sind? Hier die Liste: Prof. Dr. Dr. h.c. Heinz Klös; Staatssekretär Theodor-M. Strauch (Senatsverwaltung für Finanzen); Peter von Jena (Commerzbank); Ernst-August Pistor (Fa. W. Drostel & Co.); Hubertus Moser (Landesbank Berlin); Staatssekretär Detlef Orwat (Senatsverwaltung für Gesundheit); Dr. Heinz Sigart Räthel; Heinz Strick; Dr. Wilhelm Tegethoff; Ingo Treudelenburg (Präsident der Oberfinanzdirektion); Prof. Dr. Hans Witz-Gall; Karlheinz Wuthe; Direktor Dr. Hans Fräderich (Zoo Berlin).

Diese dreizehn Herren erhielten am 7. Oktober 1993 von der ihnen bis dahin völlig unbekannten Frau Ilona Albert aus dem Stadtteil Wilmersdorf (Berlin-West) einen Brief folgenden Wortlauts:

"Sehr geehrter Herr!

Voller Scham und tief traurig kam ich aus dem Ostteil unserer Stadt. Hilflos erlebte ich den Zorn, ja den Haß der dortigen Berliner. Sie können nicht verstehen, daß ein Gremium von 13 Westberliner Männern beschließt, die Reptilien aus dem großen Tierpark Ost in den winzigen Zoo West, zu deportieren.

Sicher muß die Schlangenfarm modernisiert werden. Ganz sicher werden wir Berliner diese Mittel, egal wie, zusammenbekommen, das versteht sich.

Aber kein Mensch versteht, warum der kleine Zoo West auch noch diese Tiere haben muß. Umgekehrt wäre es allen Menschen begreiflich, weil der Tierpark Ost sehr groß ist.

Ein Gleichnis drängt sich auf: Ein reiches Kind sieht, daß, ein armes Kind eine schöne, bunte Murmel hat, und nimmt ihm diese mit der Begründung weg, daß es eine schickere Schachtel für die bereits erwähnte Murmel hat!

Mir wurde u.v.a. gesagt, Ihr Wessis nehmt uns alles was gut und teuer ist weg. Morgen die Reptilien und übermorgen werdet Ihr Sanssouci auch noch in den Westen schaffen. Von ganzem Herzen hoffe ich, daß die Reptilien und Sanssouci bleiben wo sie sind.

Und ich hoffe, daß wir 'Wessis' die Mauer in den Köpfen ebenso abreißen, wie die 'Ossis' die Mauer, die Berlin einmal teilte, abgerissen haben, und wir alle nur noch Deutsche sind.

Mit Hochachtung

Ilona Albert"

Man kann kaum damit rechnen, daß Aufsichtsräte von diesen Zeilen sonderlich beeindruckt waren, aber eine Bemerkung in diesem Schreiben schockierte zumindest einen Teil der Berliner Öffentlichkeit: "ein Gremium von 13 Westberliner Männern". Bis dahin hatte kaum jemand zur Kenntnis genommen, daß der Aufsichtsrat in Friedrichsfelde ausschließlich aus Westberlinern bestand. Das aber erregte Aufsehen, weil es ein Beispiel mehr dafür war, wie das "beigetretene" Land regiert wird. Selbst der Senat bemühte sich eilig um eine Kosmetik: Über Nacht wurden zwei Ostberliner hinzugewählt, aber auch bei der Auswahl dieser Herren war die Hand der Okkupanten zu spüren: Ex-Premier Lothar de Maiziére und Ex-Bürgermeister Theo Schwierzina. Beides höchst ehrenwerte Bürger, die aber nur mühsam mit dem Tierpark und seinen Anliegen in Verbindung gebracht werden können. Sie konnten zwar darauf verweisen, auch früher schon den Tierpark besucht zu haben und ihn nicht aus Protest gegen den "Unrechtsstaat" DDR boykottiert zu haben, aber darin erschöpfte sich ihr Fachwissen. Und es fiel auf, daß sie ihre Wahl nicht mit einem Protest gegen die Schließung der Schlangenfarm verbanden. Dennoch war die "Zuwahl" das erste Rückzugsgefecht der Anti-Tierpark-Kreuzritter. Zwar nur ein bedeutungsloses Scharmützel, aber immerhin.

Lokale Medien trugen der zunehmenden Empörung unter der Bevölkerung Rechnung und bekundeten Ablehnung. Was indes niemand mehr verhindern konnte: Die beiden Aufsichtsräte beschlossen die "Vereinigung" von Zoo und Tierpark zum Jahresende 1993. Der Zoo zahlte lächerliche 800000 DM für sämtliche Anteile, nicht mehr also, als eine neue Schlangenfarm kosten sollte!

Das Rätsel um die Eröffnungsbilanz

Ein versierter Jurist müßte die Frage zu beantworten versuchen, auf welche Weise die GmbH überhaupt zustandegekommen war? Oder noch deutlicher: Wo wurden bei der Eröffnungsbilanz die von den Berlinern geschaffenen Werte verbucht? Wo zum Beispiel mein Anteil an dem Elefanten, den der Betrieb, in dem ich damals tätig war, mit den Einkünften einer Sammlung gekauft hatte? Sind alle, die den Tierpark mitgeschaffen haben, enteignet worden und wenn ja, auf Grund welchen Gesetzes?

Eine in der Frankfurter Allee lebende Frau stellte den Vertretern der Bank, die die Wohnungen der Straße gekauft hatte, die Frage nach der Rechtsgrundlage des Kaufs ihrer Wohnung, die sie in der Aufbaulotterie 1953 gewonnen hatte. Der Bankier antwortete amüsiert: "Wo ist Ihre Grundbucheintragung?"

Sie hatte keine. Ich bin nicht restlos sicher, ob die Bank nicht doch in einem Prozeß den Kürzeren ziehen könnte, denn zu DDR-Zeiten mußten Lotteriegewinne nicht in Grundbücher eingetragen werden und 1993 kann nicht die jetzt geltende Gesetzestelle ans Jahr

1953 angelegt werden. Nur: hat die Frau das Geld, sich einen Prozeß gegen die Bank leisten zu können? Ich fürchte: nein.

Und deshalb wird auch nicht mehr zu klären sein, was aus meinem Elefantenanteil wurde...

Die PDS-Fraktion im Abgeordnetenhaus brachte den Fall vor das Parlament: "Der Senat wird aufgefordert,

1. sich dafür einzusetzen, daß die von den Aufsichtsräten der Zoologischen Garten AG und der Tierpark GmbH beschlossene Schließung des Schlangenhauses und der Aquarien im Tierpark nicht verwirklicht und wird und auch die anderen Attraktionen des Tierparks erhalten bleiben.

2. über seine Bemühungen hat der Senat dem Abgeordnetenhaus bis zum 30. November 1993 Bericht zu erstatten."

Bereits 24 Stunden vorher hatte die PDS-Fraktion in Lichtenberg eine Erklärung veröffentlicht, in der es hieß:

"Nach unserem gestrigen mit dem Betriebsrat der Tierpark GmbH geführten Gespräch ist für uns eindeutig: Weder die mit den Maßnahmen beabsichtigten 'Optimierungseffekte' sind durchgerechnet, noch die erwarteten 'personellen Synergieeffekte' gesichert... Während sieben erfahrene und hochqualifizierte Schlangenspezialisten des Tierparks künftig in Friedrichsfelde Hirsche füttern sollen, um nicht arbeitslos zu werden, müßten die mit der Betreuung der Tiere dann beauftragten Zoomitarbeiter eine aufwendige spezielle Qualifizierung durchlaufen. Die Dequalifizierung von sieben Tierparkmitarbeitern ist ein neuer, diesmal hausgemachter (West)Berliner Treuhandmeilenstein für die Entwürdigung von Millionen ehemaliger DDR-Bürger. Die zum Jahresende nach Breuelmanier geplante 'Fusion' von Zoo und Tierpark (der Zoo bezahlt für das Schnäppchen Tierpark lediglich 800000 DM, während Grund, Boden und Immobilien landeseigen bleiben) soll uns wiederum ein Stück Identität abringen... Die PDS-Fraktion in der Bezirksverordnetenversammlung Lichtenberg möchte ihre Genugtuung darüber zum Ausdruck bringen, daß sich die Fraktionsvorsitzenden der im Lichtenberger Rathaus vertretenen Parteien im Interesse aller Bürger unserem Antrag an die 15. Tagung der Bezirksverordneten am 20. Oktober 1993 anschließen konnten, 'das Bezirksamt zu ersuchen', Schlangenfarm und Aquarien zu erhalten.

Doch die Einmütigkeit der Fraktionen bekam bald Risse. Als am 20. Oktober die Betriebsratsvorsitzende Ursula Rahn das Rederecht vor den Abgeordneten eingeräumt werden sollte, brachte die SPD den Antrag zu Fall.

Ein PDS-Redner springt ein

Die PDS fand einen Ausweg: ihr Fraktionsvorsitzender Dr. Bernd Ihme, ließ sich die Rede geben und trug sie selbst vor. Auch den ersten Satz...

"Vielen Dank dafür, daß Sie mir gestatten, hier vor Ihnen unser Anliegen vorzubringen.

Wie sicherlich schon bekannt ist, wurde am 15. September dieses Jahres von den Aufsichtsräten Zoo und Tierpark beschlossen, die Schlangenfarm im Tierpark Berlin-Friedrichsfelde zu schließen und alle Reptilien, Amphibien und sogar die Fische aus der Cafeteria in das Aquarium des Zoos unterzubringen,

Dazu muß ich folgendes sagen: In den Aufsichtsräten ist kein einziger Tierparkmitarbeiter vertreten! Aber im Aufsichtsrat des Tierparks, deren Vorsitzender Herr Prof. Klös ist, amtiert auch der Direktor des Zoologischen Gartens, Herr Dr. Frädrich.

Nun fragen wir uns, wie kann so etwas möglich sein?

Wer vertritt hier unsere Interessen?

Zum anderen muß festgestellt werden, daß bei solch einer gravierenden Entscheidung unsere beiden Geschäftsführer in keinster Weise mit einbezogen wurden! Geschweige dann die Betriebsräte beider Einrichtungen sowie die Belegschaft! Wie in der Fernsehsendung "Berlin life" vom Leiter des Zoo-Aquariums, Dr. Lange, zum Ausdruck gebracht, soll durch diesen Beschluß eine Konkurrenz im Friedrichsfelder Tierpark ausgeschlossen werden. Das ist eine Maßnahme, die dem Tierpark

Berlin ein Fünftel bis ein Viertel des Tierbestandes raubt, also einen erheblichen Einschnitt in die Struktur des Gesamtparkes darstellt!

So stellen wir uns eine Fusion, ein Zusammengehen mit dem Zoologischen Garten nicht vor! Wir setzen nicht auf Konfrontation und Konkurrenz, sondern auf Zusammenarbeit und Abstimmung zugunsten beider Einrichtungen! Übrigens, was soll eigentlich die Schließung der Aquarien in der Cafeteria? Stellen etwa auch die Fische in Berliner Gaststätten oder gar Zoohandlungen eine Konkurrenz zum weltberühmten Aquarium des Zoos dar?

Bewußt haben wir unseren Protest als Petition an den Senat, unseren alleinigen Gesellschafter, gerichtet, weil wir die Unterstützung sowohl des Senats als auch aller Abgeordneten und Berliner benötigen. Für unsere Mitarbeiter, unsere Geschäftsleitung, aber auch für alle Tierparkbesucher muß dieser unakzeptable Beschluß rückgängig gemacht werden.

Wenn von Einsparung die Rede ist, dann fragen wir uns, wo soll diese Einsparung liegen? Wir haben von unserer Seite in der gegenwärtigen Phase von Geldmangel, Rezession in der Wirtschaft und durchaus dringenden anderen Maßnahmen im Tierpark keine Förderung nach einem Schlangenhaus-Neubau aufgestellt!

Wir, die Betroffenen, kennen die baulichen Unzulänglichkeiten, was aber nicht ' Baufälligkeit' heißen soll!

Unsere Schlangen können mit dem gegenwärtigen Schlangenhaus sehr gut leben, denn das belegen die jährlichen Nachzuchtergebnisse.

Kosten für einen Maler oder Glaser für die Dachkonstruktion dürften nicht die Welt bedeuten!

Fakt ist, daß in den letzten beiden Jahren, im übrigen mit Zustimmung des Aufsichtsrates, bereits Beträge in 6-stelliger Höhe investiert wurden, um die Räumlichkeiten und die Attraktivität für die Besucher in der Schlangenfarm zu erhöhen. Zum anderen wurden vor kurzem zwei Aquarien in der Cafeteria neu aufgebaut, andere rekonstruiert, und dies nicht für 'nen Appel und 'n Ei!

Eine Abgabe dieser Tiere und Austausch gegen Schildkröten, wie es vorgesehen ist, bedeutet keine Einsparung, sondern zusätzliche Kosten! Denn in die vorhandenen Terrarien, in denen sich Schlangen und Echsen wohlfühlen, können wir die Schildkröten nicht hineinsetzen. Diese brauchen große Landschaftsterrarien, da sie ständig in Bewegung sind.

Das Interesse der Besucher und Terrarianer aus allen Ländern, die durch ihre Unterschrift gegen die Schließung der Schlangenfarm oder aber auch in persönlichen Briefen ihre Unterstützung zum Ausdruck brachten und noch bringen, zeigt, wie die Attraktivität unserer Schlangenfarm bei der Berliner Bevölkerung und darüber hinaus ankommt!

Auch sollte man nicht vergessen, daß der Tierpark Berlin mit all seinen Anlagen und Einrichtungen in vielen freiwilligen, unbezahlten Aufbaustunden und Spendengeldern aus der Bevölkerung entstanden ist und damit allen Berlinern gehört!

Nicht zuletzt um ihre Bildungsaufgaben wahrnehmen zu können, müssen beide Tiergärten ein gewisses Spektrurn der Tierwelt zeigen. Dazu gehören auch Fische, Amphibien und Reptilien.

Die Schlangenfarm, von der Tradition her, gehört zum Tierpark, wie das Aquarium zum Zoo und der Kudamm zu Berlin! Beschlüsse wie dieser, die sich offensichtlich gegen das Interesse des Tierparks richten, werfen die Fragen auf:

- hat das Land Berlin den richtigen Aufsichtsrat eingesetzt?
- durch wen werden künftig die Interessen des Tierparks, d. h. der Berliner, die ihn aufbauten, vertreten?
- kann zukünftig verhindert werden, daß die Geschäftsleitung des Tierparks bei Entscheidungen der Aufsichtsräte übergangen wird?

- sollte nicht auch die Arbeitnehmer-Vertretung, sprich Betriebsrat, in diesem Aufsichtsrat Mitspracherecht haben, wie es wohl auch der Rechtslage lt. Betriebsverfassungsgesetz entspricht? Ich möchte noch erwähnen, daß selbst die Kollegen des Zoologischen Gartens, vertreten durch den Betriebsrat, mit dieser Beschlußfassung nicht einverstanden sind und uns unterstützen.

Die Diskussion der letzten Tage hat nun den Bedarf an einem Neubau einer Schlangenfarm entfacht. Frau Ilona Albert aus Wilmersdorf hat unter dem Motto 'Rettet die Schlangen - Jeder Tierfreund 1,– DM' ein Spendenkonto bei der Berliner Sparkasse eingerichtet.

Sehr verehrte Abgeordnete, unterstützen Sie uns als Berliner, gleich welcher Partei, in dem Bestreben, Zoo und Tierpark gleichermaßan attraktiv auszubauen.

Helfen Sie, den Beschluß der Aufsichtsräte, der einer echten Fusion zwischen Zoo und Tierpark eher schadet als nützlich ist, rückgängig zu machen.

Lassen Sie nicht zu, daß dadurch aus unserem Lichtenberger Kulturgut eine so wertvolle, traditionsreiche Einrichtung verlorengeht!"

Als es zur Abstimmung kam, wagte es kein Abgeordneter gegen die Erhaltung des Tierparks zu stimmen!

Die Betriebsratsvorsitzende hatte bereits angedeutet, daß sich die Schlachtordnungen inzwischen formiert hatten: Frau Albert hatte es nicht bei dem Brief belassen, sondern koordinierte die gesamte Spendensammlung, die Bürgerinitiative Frankfurter Allee Süd e. V. sammelte Unterschriften und Bereitschaftserklärungen von Handwerkern, beim Ausbau der Schlangenfarm zu helfen. Der gute alte Tierparkgeist der fünfziger Jahre schien wieder erwacht, Prof. Dathe durfte stolz auf die Berliner sein!

Der in Bedrängnis geratene Senat signalisierte Verständigungsbereitschaft und schickte Senator Elmar Pieroth als "Parlamentär" nach Friedrichsfelde. Es bedarf keiner allzu großen Phantasie, um sich vorstellen zu können, wie schwer dem dieser Weg nach Canossa fiel. Dementsprechend fiel er denn auch aus. Fünfzehn Minuten hielt er sich auf dem 160 Hektar großen Gelände auf. Rechnet man noch die fünf Minuten ab, die er im Streichelzoo für die Fotografen posierte, bleiben nur Sekundenbruchteile für jeden Hektar. Von den Journalisten gefragt, ob er die Erhaltung des Tierparks durch eine Erklärung zu bestätigen bereit sei, antwortete er sybillinisch: "Eine ganz selbstverständliche Sache sollte man nicht auch noch ausdrücklich garantieren müssen."

Als Pieroth schon wieder in seinem Dienstwagen ins Rathaus kurvte, überraschte Dr. Blaszkiewitz die Journalisten mit einer sensationellen Eröffnung: Auf der Aufsichtsratsitzung am 4. November werde das Schlangenhaus noch einmal auf der Tagesordnung der Aufsichtsräte stehen. Mit einem "modifizierten' Beschluß werde gerechnet.

In Ostberlin hatte sich das Thema längst die Schlagzeilen erobert. Die wurden in einigen Blättern noch fetter, als die Details des Komplotts gegen den Tierpark ruchbar wurden. Der Mann, der die Schlangen in Friedrichsfelde betreut, schilderte dem "Abendblatt" eingehend, was sich zugetragen hatte. Daraus entstand folgender Bericht:

"Klaus Dedekind, seit 32 Jahren in der Schlangenfarm im Tierpark tätig: 'Die Verlegung geht auf Kosten der Pfleger im Zoo. Sie sind im Umgang mit Giftschlangen ungeübt, die Unfallgefahr steigt enorm.' Nicht nur deswegen hätte der Zoo bislang alle Giftschlangen abgelehnt. Begründung: kein geschultes Fachpersonal.

Dedekind: 'Der Zoo hat nicht genügend Platz, um die Tiere artgerecht unterzubringen. Werden zu viele Schlangen in einem Becken untergebracht, kann bei einem Biß der Verursacher und damit das benötigte Serum, nicht festgestellt werden - ein tödliches Risiko für die Pfleger.' Die Gefahr scheint auch der Zoo erkannt zu haben. Er wollte erst Dedekind, dann seine Kollegin Steffi Igiel abwerben. Beiden wurden 100 Prozent Gehalt geboten - beide lehnten ab. 'Nicht für 150 Prozent würden wir gehen. Wir verlassen doch nicht wie Ratten das sinkende Schiff. Das wäre Verrat am Tierpark, den wir mit aufgebaut haben.'

Den eigentlichen Grund für die Verlegung sehen die Pfleger ganz woanders: 'Wir sind einfach zu gut. Unsere Zuchterfolge stehen in keinem Verhältnis zu denen im Zoo. Und dort gehen die Besucherzahlen zurück. Steffi Igiel: 'Der Senat hat uns aufgefordert, den Aufsichtsrat unter Druck zu setzen. Dieser will sparen, aber die drei Salatköpfe, die unsere Echsen fressen, tragen dazu bestimmt nicht bei.' Der Meinung sind auch mehr als 20000 Berliner, die bei einer Unterschriftenaktion gegen die Verlegung gestimmt haben. Auch im Abendblatt gehen unzählige Briefe ein. Vielleicht tragen sie zu einer Umstimmung im Aufsichtsrat bei."

Die Sitzung war für den 4. November anberaumt. Zuvor hatte sich der PDS-Fraktionsvorsitzende in Lichtenberg noch einmal an Klös gewandt.

"Sehr geehrter Herr Professor Dr. Klös,

wie Sie vielleicht erfahren haben, hat sich die Lichtenberger Bezirksverordnetenversammlung am 20.10. 1993 einmütig gegen die Schließung der Schlangenfarm und der Aquarien im Tierpark Berlin-Friedrichsfelde ausgesprochen.

Unterstützt und motiviert wurden die Bezirksverordneten durch zahlreiche Bürgerinitiativen, welche sich oft spontan zusammenfanden, um sich gemeinsam gegen den bekannten Beschluß beider Aufsichtsräte vom 16.09.1993 zu wehren und sich für den Erhalt der Attraktivitäten in beiden Berliner Tiergärten in ihrer Vollständigkeit einzusetzen.

Inzwischen richteten die Tierparkfreunde ein Spendenkonto 'Rettet die Schlangenfarm' ein, um auch die finanziellen Voraussetzungen für erforderliche bauliche Veränderungen zu schaffen. In diesem Sinne freue ich mich sehr darüber, daß der Senat von Berlin im nächsten Jahr dem Zoologischen Garten 10 und dem Tierpark 18 Millionen DM zur Verfügung stellt.

Sehr geehrter Herr Professor Dr. Klös. Ich gestatte mir, Ihnen einige Unterlagen über die jüngsten Aktivitäten von Bürgern, Vereinen und Kommunalpolitikern in dieser Angelegenheit in der Hoffnung zu übermitteln, daß sie Ihnen ein wenig mehr Verständnis für 'das Herz, den Schmerz und die liebenswerte Schnauze' vieler Berliner für beide bestehenden Tiergärten vermitteln.

Tun wir alles, damit beim notwendigen Sachstreit nicht längst überwunden geglaubte Gräben zwischen Ost und West wieder aufreißen!

In der Hoffnung auf eine positive Resonanz in beiden Aufsichtsräten verbleibe ich als langjähriger Tierparkfreund mit freundlichen Grüßen

Dr.sc. Bernd Ihme"

Am Abend des 4. November ließen Zoo- und Tierparkdirektor folgende Mitteilung an die Medien faxen: "Schlangenfarm bleibt im Tierpark erhalten. Die Aufsichtsräte der Zoologischer Garten Berlin AG und der Tierpark Berlin-Friedrichsfelde GmbH haben in ihrer heutigen gemeinsamen Sitzung folgenden vom Vorstand der Zoologischer Garten Berlin AG und der Geschäftsführung der Tierpark Berlin-Friedrichsfelde GmbH zur Umsetzung des Beschlusses vom 15.9.1993 unterbreiteten Vorschlägen zugestimmt:

1. Die Giftschlangensammlung und die Nattern verbleiben im Schlangenhaus des Tierparks. Neben diesem Schwerpunkt werden hier aus zoopädagogischen Gründen exemplarisch auch andere Vertreter wichtiger Reptiliengruppen zu sehen sein.

2. Das Schlangenhaus bleibt in seiner jetzigen Form bestehen, wird aber innen schrittweise modernisiert und teilweise baulich verändert, um die dort gehaltenen Tiere besser als bisher zur Geltung kommen zu lassen.

3. Diese Modernisierung einschließlich Vergrößerung der Terrarien kann nur dann erfolgen, wenn die Anzahl der Tiere verringert wird. Aus diesem Grund werden die meisten Riesenschlangen sowie Vertreter der Echsen in die Terrarien-Abteilung des Zoo-Aquariums übersiedeln. Im Gegenzug sollen einige Schildkröten-Arten vom Zoo-

Aquarium in den Tierpark überwechseln. Damit wird ein Austauschprogramm fortgesetzt, das sich im Säugetier- und Vogelbestand bereits bewährt hat.

4. Dadurch ist sichergestellt, daß neben Alfred-Brehm-Haus, Dickhäuterhaus, Krokodil- und Kolibrihaus auch das Schlangenhaus schrittweise verbessert wird, im Interesse der Tiere wie der Besucher.

5. Die Aquarien der Cafeteria bleiben bis zu einem Umbau dieses Gebäudes erhalten.

Die Aufsichtsratsgremien stellen klar, daß diese Maßnahmen nicht zu einer Erhöhung der öffentlichen Zuschüsse führen dürfen. Sie gehen davon aus, daß diese Entscheidung im Interesse eines einheitlichen Berlins einen weiteren Beitrag für die Bewahrung und Verstärkung des jeweiligen spezifischen Charakters beider zoologischer Einrichtungen Berlins darstellt."

Damit war der Beschluß vom 15. September nicht - wie von den Aufsichtsratsherren behauptet - "umgesetzt", sondern umgekippt! Die Schlangenfarm im Tierpark Berlin war gerettet. Die Medien beeilten sich, die "Weitsicht" von Senat und Aufsichtsräten zu preisen, die Sieger feierten ihren Triumph und gingen sofort daran, neue Pläne zu schmieden.

In einigen Zeitungen las man auch bissige Kommentare. So in der "Jungen Welt" vom 21. Dezember: "'Während Frau Rahn die Frage stellt, 'von wem die Herren de Maiziére und Schwierzina und in welcher Weise überhaupt in den Aufsichtsrat gewählt wurden', hat die Wilmersdorfer Einrichterin des Spendenkontos 'Rettet die Schlangen', Frau Ilona Albert, den Namen des Wendebürgermeisters 'noch nie gehört'.

Selbst für sehr aufmerksame Berliner ist über die eventuelle 'Affenliebe' des Herrn Schwierzomper zum kleingärtnerischen Rosenzüchten hinaus kaum eine fachliche Qualifikation bekannt, die den ehemaligen Ost(w)endeoberbürgermeister zum Aufsichtsratsmitglied einer Tiergarteneinrichtung besonders prädestinierte. Es sei denn, man stellt in Rechnung, daß er in seiner Eigenschaft als vizepräsidentelnder Hausherr kürzlich rechtsstaatlich demokratisch protestierende Studenten aus dem Preußischen Landtag wie räudige Hunde jagen ließ.

Wie weiland zu DDR-Zeiten helfen sich die Tierparkfreunde mittlerweile selbst. Auf dem Spendenkonto 'Rettet die Schlangen' sind inzwischen per 30. 11. mehr als 25 000 DM eingegangen. Lichtenberger Firmen boten ihre uneigennützige Hilfe an: Beispielsweise wird das Gartenbauunternehmen Dietrich Lindow ein 500 qm großes Stück verwildertes Gelände an der Schlangenfarm kostenlos begrünen und pflegen.

Auch der Vorstand der Gemeinschaft der 'Förderer des Tierparks Berlin' unterstützt nach Mitteilung seines Vorsitzenden Harri Leupold einhellig die Forderung, daß 'sachkundige Beschäftigte der Tiergärten in deren Aufsichtsräten sitzen müssen.'"

Und während die Mitarbeiter des Tierparks einen Brief an die Medien sandten, in dem sie den Berlinern für die Unterstützung ihres Kampfes dankten, faßte die Bürgerinitiative Frankfurter Allee Süd e.V. einen Plan, den man kühn nennen mußte. Sie wollte sowohl eine Erinnerung an den Kampf um das Schlangenhaus schaffen, und zugleich ständig an die Solidarität der Berliner appellieren. Mit den Künstlern des von Ernst Dahme geleiteten Keramikateliers in der Frankfurter Allee 203 entstand der Gedanke, eine ungewöhnliche "Sparbüchse" zu gestalten. Unter Leitung von Emerita Pansowová machten sich Ilse Beihahn, Ernst Dahme, Rosemarie Nauke, Ingeborg Regener und Monika Seefeld ans Werk und schufen eine tönerne Pyramide, an deren vier Seiten fast alle Bewohner der Schlangenfarm zu finden sind. Das kleine Kunstwerk steht auf einem gläsernen Sockel und hat an der Oberkante einen Schlitz: Wer für die Schlangenfarm spendet, sieht sein Geld hinter Glas und weiß es in guter Hand.

Als die Keramik enthüllt wurde, waren alle frohen Sinnes. Die Künstler, die Geldspender, die Tierparkmitarbeiter, der Dathe-Sohn Falk, dem die Schlangenfarm untersteht. Als der Sekt in die Gläser gefüllt war und angestoßen wurde, sah ich vom Grund der

Spendenkeramik einen Pfennig leuchten: Wegweiser für alle Spendenwilligen.

Gruppenbild mit Lehrling

Die fröhliche, verheißungsvolle Stunde endete mit einem "Gruppenbild mit Lehrling": Erich-Schmitt-Sohn Thomas hatte mit des Vaters eigentlich kaum nachahmbaren Strich einen Tierparklehrling Ede als Wegweiser zur Schlangenfarm gestaltet und ließ sich davor mit Dathe-Sohn Falk ablichten. Man war geneigt, die Stunde symbolhaft zu nennen: Die Erben der Tierparkschöpfer bewahren den Schatz, den die Berliner einst mitgestaltet hatten und der seit dem Tode Prof. Dathes mehr als einmal in Gefahr geraten war!

Wäre es nicht der rechte Augenblick, nach Karlshorst zu ziehen und an Dathes Grab einen Strauß niederzulegen, Hinweis auf ein gewonnenes Gefecht um sein Erbe?

Als ich fast schon auf dem Weg war, kam mir ein Satz des Schriftstellers Romain Rolland in den Sinn: "Niemals hat es mehr Heuchelei gegeben als in diesen Tagen, wo sie in allen Ländern eine Maske der Gewalt ist." Der 1944 verstorbene französische Nobelpreisträger prangerte die Gesellschaft, in die jetzt auch der Tierpark geraten ist, oft und gnadenlos an, auch mit diesen Worten.

Ich verschob meine Fahrt nach Karlshorst. Als ich am nächsten Tag die Schlangenfarm betrat, vermißte ich einiges. Als erstes das kleine Plastebehältnis, in dem die Zettel mit der Spenden-Kontonummer plaziert waren. Dann das Schild der "Bürgerinitiative zur Modernisierung der Schlangenfarm". Ich fragte herum, niemand wollte mir eine Antwort geben, aber ich las Groll in manchen Augen und das ließ mich ahnen, der maskierten Heuchelei auf der Spur zu sein.

Ich mußte niemanden bestechen, um die nötige Auskunft zu bekommen, aber ich warf einen Zwanzig-Mark-Schein in den Keramik-Schlitz, als ich wußte, was ich wissen wollte: Dr. Blaszkiewitz hatte - kaum war der Sekt abgeräumt - Order gegeben, die Schilder zu entfernen. Ein Zeuge will sogar gesehen haben, daß er den Sohn Prof. Dathes anwies, es zu tun!

Wohlgemerkt: Blaszkiewitz hatte die Einladung zur Enthüllung der Keramik mit unterschrieben! Darf man das nicht Heuchelei nennen? Auch wenn er sich dann entschuldigen ließ, "dringender Angelegenheiten" wegen.

Mir fiel wieder die Zeitung in die Hand, deren Reporter gegenüber er erklärt hatte, er sei völlig sicher, daß ein Dathe-Denkmal oder eine Gedenktafel nie im Tierpark zu sehen sein würden.

Ich fragte mich durch und traf jemanden, der das Zitat beeiden konnte. Mein Mißtrauen wuchs immer mehr. Bei der Bürgerinitiative erfuhr ich, daß das demontierte Schild bereits verändert worden war, weil Blaszkiewitz darauf bestand: statt "Bürgerinitiative zur Erhaltung der Schlangenfarm" mußte es heißen "...zur Modernisierung...". Und das Konto, das einst eingerichtet worden war unter dem Kennwort "Rettet die Schlangenfarm" hatte umbenannt werden müssen in "Schlangenfarm". Und über jenes im Tierpark vielen bekannte Westberliner Ehepaar, dessen Namen ich nicht nennen werde, um es davor zu bewahren, in die Schreizeilen der Boulevardblätter zu geraten, habe ich in Erfahrung gebracht, daß es in der Vergangenheit Zehntausende Mark für den Zoo spendete, nun aber fast jedes Wochenende in den Tierpark kommt, den Friedrichsfeldern ein Robbenpärchen schenkte und eine ungewöhnliche seltene Storchenart. Nun wollte es der Schlangenfarm eine wertvolle Kragenechse schenken, aber der Direktor winkte ab, hatte nicht einmal einen Termin frei.

Und ich erfuhr schließlich, daß eine renommierte CDU-Funktionärin - maßgeblich beteiligt an Bilderstürmerei und Straßenumbenennungen - im Rathaus einer Frau der Bürgerinitiative begegnet war und ihr nicht ohne Freude in der Stimme erklärte: "Na, nun wird er ja abgewickelt der Tierpark! Doch, doch, da können sie sicher sein!" Das war im November, also nach dem "Korrekturbeschluß" der Aufsichtsräte, die Herrn Prof.

Dr. Klös bewogen hatte, einen Brief an den PDS-Fraktionsvorsitzenden Dr. Ihme folgenden Wortlauts schreiben: "Sehr geehrter Herr Ihme, Herr Neubauer übergab mir gestern verschiedene Unterlagen für unsere heutige Sitzung und ich versprach ihm, Sie über den Beschluß, den die Aufsichtsratsgremien fassen würden, zu informieren. Es ist ein guter Beschluß, den ich Ihnen gerade per Fax übermitteln wollte, doch war Ihr Gerät nicht in Ordnung (siehe beiliegende Sendeberichte).Ich lege Ihnen die Pressemitteilung bei und hoffe, daß der Brief, der sofort zur Post geht, Sie rechtzeitig erreicht."

So besorgt war Prof. Klös, daß der PDS-Fraktionsvorsitzende die "gute Botschaft" auch wirklich auf dem schnellsten Wege erfahren möge?

Eine Botschaft, die viele mit Freude aufgenommen hatten. Die Händler in der renovierten Berliner Markthalle hatten spontan eine Tombola veranstaltet, deren Gewinn in die Tierparkkasse floß, und die "ewige" Gesprächspartnerin von Prof. Dathe, Karin Rohn, und Tierparkmitarbeiter zur Eröffnung eingeladen. Man spürte überall: der Tierpark war wieder "in". Eine Zeitung titelte ihren Bericht von der Enthüllung der Spendenkeramik: "Ein Hauch vom lieben guten Tierpark-Geist"

Als ich die Zeile las, wußte ich plötzlich, was die Aufsichtsräte zu ihrem Beschluß und den Tierparkdirektor zu seinem "Demontage"-Befehl bewogen hatte: Die DDR ließ sich abwickeln, ihre Betriebe verriegeln oder an Konkurrenz verschleudern, aber dieses Gefühl von Treue zu einer großen gemeinsamen Sache, nennen wir sie "Tierpark-Geist" hatte niemand strangulieren können. Deshalb mußte die Heuchelei herhalten, wurde Elmar Pieroth in den Tierpark zum Fototermin geschickt, der Beschluß der Schließung der Schlangenfarm rückgängig gemacht.

Aber die Gefahr ist noch nicht gebannt! Und die Heuchler sind auch noch unterwegs. So brachte eine Lichtenberger Fraktion in der Stadtverordnetenversammlung den Antrag ein, die Eintrittspreise im Tierpark "sozialverträglicher" zu gestalten. Die Forderung erin-